4·16구술증언록 단원고 2학년 4반 제14권

그날을 말하다

형준 아빠 안재용

이 도서의 국립중앙도서관 출판예정도서목록(CIP)은 서지정보유통지원시스템 홈페이지(http://seoji.nl.go.kr)와
국가자료공동목록시스템(http://www.nl.go.kr/kolisnet)에서 이용하실 수 있습니다.
CIP제어번호: CIP2019009522

4·16구술증언록 단원고 2학년 4반 제14권

그날을 말하다

형준 아빠 안재용

4·16기억저장소 기획 편집
(사) 4·16세월호참사가족협의회 지원 협조

일러두기

1. 음절로 식별 가능한 소리를 들리는 대로 전사하는 것을 원칙으로 한다.

2. 의미를 파악하기 위해 추가 설명이 필요할 경우 [ ]로 표시한다.

3. 몸짓, 어조 등 비언어적 행위는 ( )로 표시한다.

4. 구술자가 말을 잇지 못해 말줄임표를 사용하는 경우 ……, …로 길고 짧음을 표시한다.

5. 비공개 영역은 〈비공개〉로 표시한다.

6. 비공개해야 하는 희생자 형제자매의 이름은 ○○, △△ 등의 도형기호로, 생존자의 이름은 A, B, C 등 알파
   벳 대문자로 표시한다.

7. 비공개해야 하는 제3자는 직분이나 소속, 성만 공개하고, 이름은 ××로 표시한다. 비공개해야 하는 숫자는
   자릿수에 상관없이 □로 표시하며, 지명은 □□로 표시한다.

4·16기억저장소에서는 세월호 참사 5주기를 맞아 구술증언 수
집 사업의 결과물 일부를 100권의 책으로 발간하게 되었습니다.
이 사업은 2015년 6월부터 다양한 학문 분야 구술 연구자들의 자
발적인 참여로 진행되어 왔으며, 세월호 참사를 좀 더 정확하고 다
각적으로 기록하고 기억하고자 하는 노력의 일환으로 수행되었습
니다.

2014년 참사 발생 이후, 참사 피해자들의 목격담과 경험은 안타
깝게도 공식적인 국가기관과 언론의 기록 속에서 철저히 소외되거
나 왜곡되었습니다. 그것은 세월호 참사가 우리에게 안긴 죽음과
고통의 충격만큼이나 우리 사회의 끔찍한 비극이었습니다. 따라서
사업을 진행하면서 세월호 참사 희생자 가족, 생존자, 생존자 가족,
어민, 잠수사, 활동가, 기자 등등, 참사의 초기 과정을 직접 경험한
분들의 증언을 우선적으로 수집했습니다. 구술자는 이 사업의 취

지와 방식에 개인적으로 동의한 분 중에서 선정했으며, 참여 과정에 어떠한 금전적 보상이나 이익이 제공되지 않았습니다. 또한 구술증언 수집 사업을 진행하는 동안, 면담자는 연구자이자 참사를 겪은 공동체 시민으로서 최대한 윤리적이고자 노력했습니다.

구술자마다 매회 약 2시간씩 3회를 원칙으로 음성 녹취와 영상 촬영을 하는 방식으로 진행되었고, 증언의 일관성을 확보하기 위해 면담자는 큰 틀에서 공통 질문지를 사용했습니다. 공통 질문지의 내용은 참사와 구술자 간의 관계성에 따라 차이가 있지만, 유가족 구술의 경우 1회차 '참사 이전의 삶, 팽목항과 진도에서의 경험, 자녀에 대한 기억'을, 2회차 '참사 이후 투쟁과 공동체 활동 경험'을, 3회차 '참사 이후 개인 및 가족이 경험한 삶의 변화와 깨달음, 자녀의 현재적 의미'를 중심으로 했습니다. 이처럼 증언 내용은 참사 이전에서 시작해 참사 발생 당시의 경험과 이후의 변화 과정까지 폭넓게 수집했고, 면담자는 구술 채록 과정에서 구술자의 발화를 최대한 존중하고자 했으며, 무엇보다 각자의 특수한 경험과 다른 시각을 충실히 반영하고자 했습니다.

이 구술증언록의 발간을 위해, 채록된 음성 자료는 문서로 변환해 구술자와 함께 검토했고, 현재 시점에서 공개할 수 있는 영역과 할 수 없는 영역으로 구별했습니다. 따라서 책에 실린 내용은 모두 구술자로부터 공개를 허락받은 부분입니다. 비공개 영역은 추후 구술자의 동의를 받아 적절한 절차를 거쳐 추가로 공개될 수 있으리라 생각합니다.

이 구술증언록 100권에는 그동안 우리 사회에 왜곡되어 알려지거나 잘 알려지지 않았던, 참사 발생 직후 팽목항과 진도 혹은 바다에서의 초기 상황에 관한 중요한 증언이 포함되어 있습니다. 또한, 자녀를 잃는 잔인하고 애통한 상황을 겪으면서도 그 누구보다 강인한 정치적 주체로 성장할 수밖에 없었던 유가족의 마음과 경험을 구체적으로, 그리고 여러 각도에서 살펴볼 수 있습니다. 그 외에도, 이 구술증언록은 2014년을 전후한 한국 사회의 여러 측면을 드러내는 귀중한 자료가 되리라고 생각합니다. 무엇보다 국내외의 많은 분이 이 책을 읽어, 장차 세월호 참사의 진상 규명과 역사 서술에 기여할 수 있기를 바랍니다.

구술증언 수집 사업이 진행되고, 책으로 출간되기까지 많은 분의 도움과 지지가 있었습니다. 이 지면을 빌려 부족하나마 감사의 말씀을 전하고자 합니다.

먼저 (사)4·16세월호참사가족협의회와 4·16기억저장소에 감사를 드립니다. 이분들의 신뢰와 적극적인 협조가 없었다면, 이 사업은 처음부터 시작할 수조차 없었을 것입니다. 또한 어려운 정치 환경 속에서도 사업의 취지에 공감해 재정 지원을 결정해 준 아름다운가게와 역사문제연구소에 감사드립니다. 두 단체 덕분에, 이 사업을 4년 동안 계속해 올 수 있었습니다. 그리고 구술증언록 100권의 발간에 동의하고, 바쁜 일정에도 출판 실무를 기꺼이 맡아주신 한울엠플러스(주)에도 감사를 드립니다. 이 외에도 많은 개인과 단체가 직간접적으로 많은 도움을 주시고 격려해 주셨습니다. 여기에 모두 밝히지 못하는 것을 죄송하게 생각합니다.

말할 필요도 없이, 가장 크고 또 가슴 아픈 감사는 구술자 한 분한 분께 드리고자 합니다. 이 책이 발간될 수 있었던 것은, 무엇보다 용기를 내어 아픔과 고통의 기억을 다시 떠올리고 장시간 진심으로 이야기를 해주신 구술자가 있었기 때문입니다. 오랜 시간 이야기를 나누며 함께 공감하기도 했지만, 그 아픔과 고통을 어떻게 가늠할 수 있을까 싶습니다. 더 큰 도움이 되지 못함을 안타까워하며, 이 구술증언록 100권의 발간이 피해자분들에게 조금이라도 위로가 될 수 있기를 기원합니다.

2019년 4월

4·16기억저장소 구술팀 책임자
서울대학교 인류학과 교수 이현정

차례

형준 아빠 안재용

구술자 안재용은 단원고 2학년 4반 고 안형준의 아빠다. 외동아들이자 늦둥이였던 형준이는 중국으로 조기유학을 가서도 혼자 씩씩하게 보내는 대견한 아들이었다. 아빠는 참사로 살아갈 의미를 모조리 잃어버렸지만, 진상 규명이라는 목표를 바라보고 자신의 안에서 함께 커가는 형준이를 느끼며 하루하루를 보내고 있다.

안재용의 구술 면담은 2017년 3월 14일, 20일, 4월 3일, 3회에 걸쳐 총 5시간 10분 동안 진행되었다. 면담자는 정수아, 촬영자는 김솔이었다.

구술자 본인의 프라이버시나 제3자의 프라이버시를 보호해야 할 부분을 제외하고는 구술자의 발화를 있는 그대로 전사했다.

1회차

2017년 3월 14일

1
시작 인사말

면담자   본 구술증언은 4·16 사건에 대한 참여자들의 경험과 기억을 기록으로 남김으로써 이후 진상 규명 및 역사 기술에 기여하고자 합니다. 지금부터 안재용 씨의 증언을 시작하겠습니다. 오늘은 2017년 3월 14일이며, 장소는 안산시 단원구 세승빌라입니다. 면담자는 정수아이며, 촬영자는 김솔입니다.

2
구술 참여 동기 및 근황

면담자   아버님 구술증언에 참여해 주시게 되신 동기를 여쭤봐도 될까요?

형준 아빠   구술증언이라는 게 솔직히 힘든 기억을 꺼내는 거죠. 그렇지만은 그 기억이 잊혀지지는 말아야 되겠고 그래서 참여하게 됐습니다.

면담자   다시 한번 감사드립니다. 본 구술증언이 어떠한 목적으로 사용되길 원하세요?

형준 아빠   차후에라도 만약에 이런 일이 다시는 발생하지 말아야 하겠지만 이런 일이 다시 발생했을 때 우리처럼 참 힘들고 괴로

위하는 사람들, 그 사람들에게 조금이라도 의지가 됐으면 좋겠고 내 아픈 기억이 남아 있다는 그 자체로도 만족하겠습니다.

면담자 　　최근 근황에 대해서 여쭤볼게요. 최근 2~3주 내에 진상 규명 활동에 참여하신 일이나 그런 게 있으면 말씀해 주세요.

형준 아빠 　　최근에는 크게 활동에 참여한 적은 없고 촛불집회 쪽으로 참여를 하고 있죠.

면담자 　　네. 혹시 헌법재판소에는 갔다 오셨나요? (형준 아빠 : 네) 갔다 오셨어요, 그럼 또 마음이 많이 힘드셨겠어요?

형준 아빠 　　아니, 이번에 헌법재판소에 간 게 아니고 저번에 그 촛불집회 때 그 헌재 앞에까지 행진하고 그랬었죠.

3
안산 정착 및 4·16 이전의 일상

면담자 　　1차 구술은 4·16 이전의 아버님의 삶에 대해 여쭤보 겠습니다. 언제부터 안산에 사시게 됐어요?

형준 아빠 　　안산에 살게 된 건 91년도부터 안산에 살았죠.

면담자 　　계기는요?

형준 아빠 　　네. 직장 때문에 안산으로 올라왔죠.

면담자	안산에서 취업을 바로 하시게 되신 건가요?
형준 아빠	그렇죠.
면담자	네. 어떤 일을 하셨는지 여쭤봐도 될까요?
형준 아빠	자원재활용이라고요. 그래 가지고 비철금속 같은 거 수집해 판매하는 그런 업체죠.
면담자	안산에서 직장생활 외에도 교회를 다니셨다던가 아니면 어떤 사회활동을 하셨었는지요?
형준 아빠	아니요. 교회는 안 다녔고 사회활동이나, 어떤 사회활동을 이야기하는지 모르겠지만 대학교 부설 CEO[최고경영자] 과정이나 그 산업단지 내에 있는 CEO 과정 그런 쪽으로 하고, 또 체육 쪽으로, 내가 수영을 오래 해가지고 그쪽에 있는 모임들하고 해가지고 같이 활동을 하고 그런 몇 가지 활동들은 활발하게 하고 있었죠.
면담자	활동을 많이 하셨네요.
형준 아빠	네.
면담자	그러면 전에는 어디 사셨었나요?
형준 아빠	그 전에는 부산에 있었죠.
면담자	학교도 부산에서 쭉 다니시다가.
형준 아빠	아니요. 학교는 성남에서 다녔고 그리고 성남에서

아버님 돌아가시고 어머님이 부산에 내려가는 바람에 그때부터 부산에 살았죠.

면담자   4·16 이전에 보통 때 아버님의 하루 일상은 어떠셨는지 말씀해 주세요.

형준 아빠   그 당시에는 거의 내가 자영업을 하고 있다 보니까. 4·16 전 당시에는 자영업을 하다 보니까 거의 아침 일찍 일어나서 회사 출근하고 저녁에 퇴근하고 중간중간에 그 모임들, 사회활동 모임들 하고 그게 전체 일과였죠.

4
어른스러웠던 형준이

면담자   지금까지 다른 곳에서 인터뷰하신 내용을 보면, 형준이가 초등학교 3학년 때까지는 중국에서 조기유학 (형준 아빠 : 네) 하다가 "집에 오고 싶다, 아빠, 엄마가 보고 싶다" 그래서 집에서 고등학교까지 다녔다고… (형준 아빠 : 네) 그러면 형준이가 유학 갔을 때와 집에 있었을 때의 일상을 비교해서 말씀해 주시겠어요?

형준 아빠   형준이가 없었을 때는, 형준이를 일단 중국에 보낸 계기도 『약전』[『416 단원고 약전』]에서도 이야기를 했지만, 아무래도 그 전에 형준이 중국 보내기 바로 전에도 같이 중국에 들어가 가지고, 원래 그 당시에 내가 중국에 진출을 하려고 시장조사도 좀 하고 그러면서, '아무래도 차후에는 중국 쪽이 또 좀 나을 거 같다' 그래 가지고 시장조사를 하러 다니다 보니까 조기유학생들이 많이 있더라고요. 일단 먼저, 물론 힘들지마는 아이의 장래를 위해서 그래 가지고 일단 일찍부터 보내야지 그 모든 게 언어 같은 게 전부 다 원활하게 돌아가니까.

그래서 일찍 보내고 나서는 그 당시에, 보낼 당시에 내가 직장을 그만뒀으니까 그만두고 내 사업을 시작했으니까, 그래서 거의 집사람하고 처음 당시에는 거의 그냥… 일만 생각했죠. 아침 7시에 일어나 가지고 나가가지고 밤 12시까지 일을 하고, 쉬는 날도 없이 계속 그렇게 몇 년 동안을 계속 그렇게 일을 했으니까. 왜냐하면 집에 들어와도 아무도 없으니까 둘이서 그런 식으로 몇 년 동안은 계속 그렇게 생활을 했죠, 생활을 하고.

물론 중간에 가끔 가다 시간 내가지고 중국에 애 보러도 한두 번 가고 애가 [우리나라에] 왔을 때는 그래도 몇 년 동안 그렇게 힘들게 하니까, 여기서 [사업이] 자리가 어느 정도 잡히니까 그다음부터는 애 엄마는 그냥, 여지껏 너무 못 챙겼으니까 애 엄마는 집에서 애를 챙기고. 나는, 내가 어느 정도 자리 잡힌 상태니까 계속 그렇게 그 사업을 시작해서 계속 해외에 나갔었죠, 애 있을 때는.

면담자　　형준이가 그래도 되게 어릴 때인데 (형준 아빠 : 네) 그렇게 조기유학을, 초등학교 4학년 때까지 혼자 잘했던 걸로 봐서 독립성도 있고 참을성이 있었던 아이였던 것 같아요. 그러면 형준이 돌아온 다음에 주말은 대체로 어떻게 보내셨어요?

형준 아빠   주말에는 거의 뭐 주말이라고 해도 우리는 한 달에 한두 번밖에 안 쉬니까 그 두 번 쉬는 거는 거의, 원래 형준이가 어릴 때는 내가 직장생활을 할 때는 거의 일요일마다 놀러도 많이 가고 여행도 많이 가고 했는데 그것도 이제. [형준이] 와가지고도 그냥 주말마다 여행 다니고 다 그렇게 했었죠, 여기저기. "옛날에 네가 여기 왔었다" 그러면 자기는 그런 거 기억도 안 나고 하는데, 자기는 몇 년 [동안] 어렸을 때 왔으니까. 그런 데를 다시 한번 가보고 이제, 참 그래요. 그 애하고 잘, 애하고 그냥 많이 다녔어요, 다니기는. 여기저기.

면담자   아버님이 사업을 하시다 보니까 많이 바쁘셨어도 아이랑 주말에 시간도 많이 보내려고 노력을 해주셨네요. 여행 가셨던 중에는 기억에 남는 여행이라던가.

형준 아빠   기억에 최고 남는 게 여름휴가 때 강원도로 가가지고 강원도에서 해수욕장 갔다가 그다음에 설악산을 갔댔어요. 설악산을 가가지고 울산바위를 갔는데 진짜 힘들어하더라고요. 그래가지고 "어쨌든 가야 된다" 나는 "올라가자, 이게 뭐가 힘드냐, 응?" 그러면서 올라가자 그러니까 그때 하는 이야기가 "아빠, 산에는 왜 올라가야 되냐?"고 "꼭 올라가야 되냐?"고 그래서 내가 "니가 올라가 보면 안다" 그러고, 그래서 어떻게든 데리고 울산바위까지 꼭대기까지 올라갔을 때, 올라가 가지고 참 좋아하던 모습도.

그러고 나서 내려와 가지고 에피소드지만 내려와 가지고, 울산

바위를 가봤는지 모르지만 계단이 엄청 많잖아요. 그 계단을 다 내려와서 밑에 있을 때 다른 애들이 옆에서 똑같이, 형준이 저같이 [꼭 올라가야 되냐고] 이야기하니까 [부모가] "금방 올라가" 그러니까 옆에서 형준이는 "너 한번 올라가 봐라" 그러던 기억도 있고.

최고 마지막으로 같이 여행 떠난 게 필리핀 갔다 왔어요. 애 중학교 졸업하고 나서 필리핀을 같이 가족들하고 주위 가족들하고 전부 다 같이 갔다 왔어요. 그때도 참, 그러니까 지금 커 가지고 같이 찍었던 사진 중에선 그게 마지막으로, 그 사진 같고. 그리고 나선 고등학교 때는 지들도 어느 정도 크니까 토요일 날이나 일요일마다는 자기들끼리 맨날 농구하러 나가고 그러더라고.

면담자   고등학교에서 농구에 재미를 붙였다고요.

형준 아빠   농구하고 나가고 그러니까 어디 가자고 그러면 "에이 안 간다"고 그리고 "그냥 갔다 오라"고 그러고, 원래 애들 다 그렇잖아요.

면담자   그렇죠. 고등학생쯤 되면 친구들이랑 놀겠다고 하죠.

형준 아빠   그렇지. 그래서 그런지 고등학교 때부터는 가족들하고 사진 찍은 게 거의 찾아보기 힘들더라고요. 이럴 줄 알았으면 사진도 많이 찍어놨을 건데.

면담자   지금 형준이랑 함께한 이야기 많이 해주셨는데, 혹시 형준이에 대해서 가장 기억에 남는 일화가 있으면 말씀해 주세요.

형준 아빠   그러니까 가장 기억에 남는 거는 형준이가 중국에 있을 때 제가 중국에 형준이를 보러 갔잖아요. 보러 갔는데 참 그… 거기서 그러더라고. 엄마, 아빠가 한국에서 힘들게 일하는 거 알고 있으니까… 중국에서도 어디 가는데 형준이한테 택시 타고 가자고 그러면 "에이, 택시비 비싸다"고 "버스 타고 가자"고 그러고, 크게 뭐 비싼 걸 사달라고 하지도 않고 "뭐 사줄까?" 그러면 "어, 나 돈 많아. 돈 많아" 그러고, 그래서 "괜찮아, 아빠 돈 많아. 이것저것 하고 싶은 거 하고 다 해".

그래도 거기 있으면서 우리 아들 보니까 진짜 애가 생각이 되게 깊어졌더라고요. 그 어린 나이에서 그래도 생각이 되게 깊더라고 그래서 참… 한편으로는 그 생각이 깊은 거는 뿌듯하지만 또 한편으로는 '왜 내가 우리 아들을 저렇게까지 해야 되나' 그런 생각도 들고. 그리고 일하러 그날 갔다가 내가, 나는 사업을 하기 때문에 내가 먼저 들어왔거든요, 들어오고 엄마는 나중에 들어왔는데. 엄마하고 있으면서도 그러더라고, 철부지인 줄 알았는데 가가지고 엄마 이부자리 다 펴주고 엄마 발도 씻겨주고…….

면담자   그 나이 때는 같이 살아도 어른스럽기가 힘든데 빨리 마음이 어른스러웠었던 거 같아요.

형준 아빠   그렇죠.

5
교육관 및 아이의 진로에 대한 판단

면담자   형준이 키우시면서 특별하게 더 중요하게 생각하셨던 것이 있으셨는지요? 예를 들면 성적을 중요하게 생각하셨다든지 아니면 성적보다는 교우관계를 더 중요하게 생각하셨다든지 그런 거요.

형준 아빠   그런 거에 대해서 아이들의 교육 문제에 대해서는 항상 엄마하고 아빠하고의 차이점이 그거잖아요. 엄마는 성적적으로 많이 걱정을 하지만 나는 웬만하면 활동적이게 활발하게 크라고, 모든 걸 하고 싶은 대로 하라고. 그리고 어렸을 때도 보면, 그 애가 처음에는 그 태어났을 때부터 해가지고 어렸을 때는 내 자식이 아니라[내 자식이라서] 그렇게 이야기하는 게 아니라 내 자식이 아니라도 진짜 참 귀여웠어요, 진짜 참.

면담자   사진을 봤는데 잘 생겼더라고요.

형준 아빠   귀여웠고 어디가도 진짜 붙임성 좋았고 그 어릴 때도 가면 아무한테나 다 안기고 웃고 떠들고 그러던, 아주 당당하게 활동적인 성격을 가지게 하기 위해서 그냥 뭐든지 하라고 하고 싶은 대로 하라고 그랬는데, 그런 것 때문에 집에서는 가끔씩 부부싸움을 할 때도 있었죠. "왜 애들을 그렇게 키우냐" 그러면 나는 "애들 공부만 해가지고 그렇게 공부만 해서 살 거냐".

근데 원래 그 엄마들 마음이 다 그렇잖아요. 남들 다 하는데 남들 하는 건 다 해야 되니까, 나는 중국 갔다 와서도 거의 그냥 기죽지 말라고 태권도도 하라고 그러고 수영도 하라고 그러고 하여튼 그런 쪽으로 계속 저걸 하고. 애 엄마는 어떻게든 이제, 왜냐하면 중국하고 한국하고 교육에 차이가 좀 있으니까 그걸 또 하기 위해서는 학원도 가야 되고 그러니까, 애가 어떨 때 보면 많이 힘들어 했죠. 왜냐하면 자기가 하고 싶은 운동, 운동도 막 하고 싶고 놀고도 싶고 그 나이 때는 다 그러니까. 그런데 이렇게 돌아보면은 어느 가정이나 다 똑같더라고요. 다 그렇게 살았고 다 그렇게 애들 키웠고.

면담자　　중국에서 어렸을 때 학교를 다녔으면 중국어를 잘했겠네요?

형준 아빠　　네. 사실 처음에는 갔다 와가지고 한 2, 3년, 2년 정도는 잘하더라고요. 그러더니 이제 그러고 나서 또 다 잊어먹더라고요. 그래 가지고 중학교 올라와 가지고는 중국어 알아듣고 그러는 건 하는데 다시 쓰고 대화하는 게 좀 그래 가지고 물어봤죠. 물어봐 가지고 처음에는 이 단원고에 보낸 계기가 단원고에는 그… 원래는 처음에는 단원고에 안 보내기로 하고 그 뭐지, 다른 실업계 고등학교로 있잖아요. 그런 쪽으로 해가지고 그쪽에 가면은 중국어 쪽으로 해가지고 금방, 그쪽에는 저…. (면담자 : 내신을) 이게 좋으니까 그쪽으로 보내려다가 그래도 단원고가 제2외국어가 다 중국어거든요. 다른 데는 일본어고 그러니까, 집에서도 쉽게 이야기 해서 단원고는 멀거든요. 중간에 강서고도 있고 원곡고도 있고 많이 있는데 제2외국어가 중국어라 가지고 그래서 단원고를 택했고. 그래서 지가 그러면 그쪽으로 한번 해보겠다 그래 가지고 자격증 시험도, 어쨌든 그 한국에서는 뭐 자격증이 있어야 되니까, 증이 있어야 되니까 그쪽으로 해가지고 시험도 보고 이번에도 애 수학여행 갔다 와서 다시 또 시험이 있어 가지고.

그래서 단 6급 정도만 따면, 자기도 알아보고 우리도 알아보고 했더니 한양대 같은데 중국어 그쪽으로 특채도 할 수 있고 그렇다고 그러더라고요. 그래서 자기는 그러면 그거를 해가지고 그쪽으로 해가지고 중국에 상사 주재원이나 그런 쪽으로 할려고. 다 부질 없지만은······.

면담자   아버님 세상 돌아가는 일이나 입시 관련 정보는 어디서 얻으셨는지요?

형준 아빠   학부모 모임은 간 적이 없고요. 우리 주위에 보면 같이 모이는 사람들이 형준이보다 바로 위에 [나이인 아이들이 있는] 그 사람들이 많고 그러니까 그쪽으로 같이 모이다 보면, 또 학원 원장도 있고 그러니까 그쪽으로 해서 많이 접해가지고, 나중에 결정이야 본인들이 하는 거지만은, 정보들은 그런 쪽에서 많이 듣고, 나는. 거의 엄마가 교육 쪽으로는 굉장히 열성이었으니까. 아무래도 주위에서 듣는 것들이 많으니까 그쪽으로 해가지고 이야기를 하면 나는 그 이야기를 하고 그러는 거죠. 그리고 요즘은 이제 자기들도 애들도 중3 정도 되면 이것저것 자기 스스로들도 여기저기서 다 듣더라고요.

면담자　　　네. 어디 대회를 몇 번 나가면 뭐가 되고 그런 걸 다 알더라고요.

형준 아빠　　　네, 그렇죠.

면담자　　　그래도 형준이를 중국에 조기유학을 보내겠다고 결심하신 것이나 '중국이 앞으로 더 커질 거니까 중국 관련 일을 하는 게 좋겠다'라고 생각하게 된 계기나 영향을 준 사람이 있으셨나요?

형준 아빠　　　아니, 그랬잖아요. 내가 일을 하면서 내 주위 사람들이 또 중국 바이어들하고 자주 좀 접하고 하다 보니까 '그 사람들이 중국에서 하는 걸 나도 중국에 들어가서도 할 수 있겠다'고 그런 걸 생각을 했으니까. 그러면서 중국을 몇 번 들락날락하다 보니까, 그래도 그 당시에는 중국이 진짜 한국보다도 한참 떨어져 있다고 생각을 했는데 그래도 자꾸 이렇게 가보면 갈 때마다 틀린, 변하는 모습들이나 그런 걸 보면서 '조만간에는 그 중국이 우리를 뛰어넘지는 않을까' 하는 그런 생각도 하고 '중국 땅이라는 게 워낙 넓으니까 또 뭔가 기회의 땅이 될 수가 있지 않을까' 그렇게 생각을 해가지고, 그래서 나도 중국을 몇 번 왔다 갔다 하고. 그래서 애한테도 그러는 게 좋지 않겠느냐 그렇게 해가지고 한 거죠.

6
4·16 이전과 이후의 정치관의 변화

면담자   아버님, 혹시 4·16 이전에 투표는 매번 하시는 편이
셨나요?

형준 아빠   네, 투표는 했어요. 누구 말대로 박근혜를 찍어가지
고 손, 손가락을 잘라버리고 싶지만, 대통령도 박근혜를 찍었고 원
래 나도 거의 성향이 여당 성향이었다 보니까 그쪽으로 많이 찍었
고 했는데. 정책에 크게 관심은 없었지만 사회생활이 항상, 사회생
활이 주로 좀 바쁘다 보니까 정치 쪽에는 거의 [관심이] 없지요. 그
래서 그냥 들리는 뉴스나 잠깐 보고 이 사회 문제에 대해서도 크게
관심은 없었고, 솔직히 그런 식에[으로] 그렇게 다 살았어요. 하여
튼 내가 이 일이 터지기 전에는 바로 그 전에 그 뭐야, 경주[마우나
리조트 천정 붕괴 사고, 2014년 2월 17일] 뭐죠? 씨랜든[1999년 경기도
화성 씨랜드 청소년수련원에서 발생한 화재로 일어난 참새가?

면담자   네, 저도 지금 이름이 정확히 생각이 안나는데….

형준 아빠   거기서 그 사고가 났을 때도 '참 안됐다. 저쪽 부모들
어떻게 하나, 힘들겠다' 그 정도였지. 내가 참… 남의 불행은 그냥
'아, 참 안됐구나' 그렇게 그냥 넘어갔었는데 막상 내가 이렇게, 내
자식이 이렇게 될 줄은 꿈에도 생각을 못 했었고… 그렇습니다.

면담자   지금은 한국 사회에 대해서 어떻게 바라보시는지요?

형준 아빠　　　그러니까 내가 그 참 길지도 않은 시간 3년 동안 활동을 하면서 많은 사람들을 겪어봤잖아요. 겪어봤을 때는 물론 사회, 근본적인 사회 문제도 있지만 이 정치 자체가 정권 자체가 너무 썩었구나. 과연 이렇게 정치를 할 수가 있을까. 그리고 너무 이 정치라는 게 현 우리들의 시국이 스마트 시대로 넘어가고 그런 시대에 정치는 지금 아날로그 정치를 하고 있거든요. 그럼 우리가 과연 저 사람들을 믿고 뭐를 맡겨야 되느냐. 진짜 3년 동안에 너무 많은 걸 봐왔기 때문에, 너무 많은 걸 보고 너무 많은 걸 느끼다 보니까 이 나라의 정치는 진짜 그 옛날 조선 시대, 그 조선 시대도 전에 당파 싸움을 하는 그런, 거기서 머물러가지고 더 이상 발전이 없는 거예요. 그래서 정치가 그러니까.

면담자　　　많이 회의가 드시는군요.

형준 아빠　　　그렇죠.

7
수학여행 준비

면담자　　　이번에는 많이 힘드신 이야기가 될 수 있는데 수학여행 준비에 대해서 여쭤볼게요. 수학여행 출발 전에 이 수학여행과 관련해서 어떤 것들을 알고 계셨는지요?

형준 아빠　　　수학여행 그 설문지를 가지고 왔을 때도 수학여행 배 타고 간다는 것도 나도, 내가 흔쾌히 이렇게 오케이를 했고. 왜냐면 나도, 내가 고등학교 때 수학여행을 제주도로 갔어요, 배 타고. 그것도 지금은 페리호가 있지만 우리는 그때 그 목포에서, 목포에서 가야호라는 그 배를 타고 밤, 낮에, 저녁에는 선상에서 놀고 그러면서 갔다 왔단 말이에요.

그게 그러니까 아이들한테도 참 그런 게 좋은 추억이라고 생각을 하고 그렇기 때문에 나는 흔쾌히 가라고 그랬고, 그리고 준비랑. 그래서 가기 전에는 엄마하고 맨날 가서 옷도 사러 다니고 이것저것 준비하고 그 들떠 있는 표정도 참 좋았죠. 뭐냐면 자기들 고등학교 시절에 마지막 남은 한 번 가는 수학여행인데 아이들하고, 쉽게 이야기해서 개학하자마자 얼마 안 돼가지고 아이들하고 만날 수 있는, 추억이 될 수 있는 그런 건데. 그래서 참… 흔쾌히 가라고 그랬고 자기도 좋아하고.

그런데 그 바로 전에도 걔는 저길 갔다 왔거든요, 제주도를 (면담자 : 제주도를, 아 그래요) 갔다 왔어요. 네. 갔다 왔는데 그렇게 갔다 온 그때는 그 학교에선 뭐야, 그 중학교 때 학교에서 아람단인가 해가지고, 그걸로 해가지고 갔다 온 거니까. 또 그런 거 하고 그렇고[다르고]. 나 역시도 내가 여행을 좋아하다 보니까 갈 수만 있으면 언제든지 보내주거든요. 그래서 그것도 제가 흔쾌히 나는 보내줬어요, 흔쾌히 보내주고. 마지막 날 아침까지 내가 차를 태워가지고 학교 앞에다가 태워다주고, 그게 마지막이죠.

면담자　　　　설문은 "배를 타고 갈 거냐, 비행기를 타고 갈 거냐"

라는 설문이었나요?

형준 아빠   하여튼 그 설문에 보면 그때 제주도 선상 놀이 그거하고 몇 가지가 있었던 것 같은데, 하여튼 생각나는 거는 내가 그 배 타고 [가는 게 재미있을 것 같고] 자기들도 배 타고 가는 게 좋다고 그러고 그래서. 그리고 또 그 당시에 애들이 최고 좋아했던 게, 왜냐면 그때 1박 2일인가 해가지고 거기서 밤에 그래서 갔다 오는 그 프로그램이 나왔기 때문에, 그러고 나서….

면담자   불꽃놀이도 하고 그런다고.

형준 아빠   그래서 이제… 저걸[배로 가는 걸 선택] 했죠.

8
참사 후 단원고, 진도체육관과 팽목항 모습

면담자   아버님, 4·16 참사 때문에 진도에 가시게 되셨었잖아요. 그 진도에 도착한 첫 기억, 첫 장면에 대한 것을 여쭤볼게요.

형준 아빠   그러니까 진도를, 그 바로 전에 그 이야기 하기 전에 이야기할 게, 이 사건이 일어났잖아요. 저는 회사에 있었고 엄마가 집에 있었고, 그때 제가 알고 있는 지인한테 전화가 왔더라고요. 일을 하고 있는데 전화가 왔더라고요. "혹시 아들이 단원고에 있지 않냐"고 그래서 "그렇다"고 그러니까 "수학여행 가지 않았느냐" 그래서 "그렇다"고 그랬더니 "지금 배가 침몰을, 배가 그렇다는데…". 그래서 막바로 저거를 TV를 틀었죠. 사무실로 들어와서 TV를 틀었더니 그 사건이 나오더라고요. 그때까지만 해도 집에다 전화를 안 했어요. 집에도 전화를 안 하고.

나는, 내가 그 배를 탄, 그 큰 배를 타본 경험이 있어요. 옛날에 외국으로 다니는, 내가 그런 큰 배를 탄 경험이 있기 때문에 그 당시에 바라봤을 때는 '저 정도면 그냥 다 나온다'고 생각을 했고, 배라는 게 그렇게 약간 내가 봤을 때 그렇게까지 빨리, 빨리 침몰하지는 않는 거거든요. 그래서 그거를 일단 쳐다보고 있었죠.

쳐다보고 있는데, 그때 그 학교에서 집으로도 전부 다 메시지를 보내가지고 엄마한테서 전화가 왔더라고요. "내가 보고 있으니까, 지금 보고 있으니까 큰 뭐 저거[사고]는 없겠다. 지금 애들 뭐 저거[구조] 하니까 그러니까 다 나올 거야. 하여튼 학교에 한번 가봐". 학교에 일단 가보라고 그러고 나는 사무실에서 있었고, 사무실에서 내가 보고 있었고, 애 엄마는 학교를 갔죠.

갔는데 조금 이따가 다시 전화가 와가지고 진도를 내려간다고 그러더라고요. 그래서 "먼저 가라" 그래 가지고 애 엄마는 먼저 진도로 내려보내고 저는 계속 TV만 보고 있었죠. TV 보고 있으니까 "단원고 학생들 전원 구조"라고 나오고 그러니까 '이제 됐구나'. 주위에서도 전화가 오고 하면서 "야, 애들 다 구조됐댄다" 그러고 있었잖아요.

그러고 있는데 갑자기 느낌이, 그때부터 배가 완전히 기울어지기 시작한 거예요. 그래서 느낌이 너무 안 좋더라고요. 그러면서 그때 애들이 들어오니까 거기에 혹시 우리 애가 없나 해가지고 계속 그것만 쳐다보고 있다가 도저히 안 될 것 같아 가지고 애 엄마는 그때 이제 진도로 내려갔고 나는 그 학교로 갔었죠.

학교로 갔을 때 학교에서 난장판이 벌어진 거고 그래서 계속 그, 내가 학교에 좀 늦게 왔더니 현황판에다 생존자들을 쓰더라고요. 그래서 가가지고 쫓아가 가지고 "다시 한번 좀 보여달라"고 그러고 하는데, 우리 애 바로 위에 있는 애까지는 생존자로 이렇게 체크[표시]를 하더라고요. (면담자 : 아아, 네) 체크를 하더니 그 형준이 바로 위에가 준형인데 거기서부터 딱 멈추고 저 밑으로 다시 내려가더라고. 그래 가지고 진짜 참 그때가 최고[로] 힘들었죠.

'에이, 그래도 하겠지' 하면서 계속 지켜보고 있으면서, 지켜보다가 그 저녁 다 되어갈 쯤 해가지고 배는 완전히 침몰을 했고, '이건 뭔가 도저히 잘못된 거다'. 그때서야 마음으로 일단 벌써 잘못된 거라고 인정을 했고 그래도 내가 일을 하고 있으니까 거기에 대해서, 내가 꼭 하루라도 비우면 안 되는 일이 그런 게 있어요. 근데[그런] 어쩔 수가 없어 가지고 그거를 다른 사람한테 [부탁]해 가지고 전부 다 다, 그거 다 저녁에 저거[준비] 해놓고 그리고 동생하고 애 삼촌하고 같이 학교에 있다가 일처리 다 해놓고 그다음 날 첫차로 내려갔었죠.

내려가서 진도 도착하니까 완전 난장판이죠, 난장판. 참 그, 우리 애 엄마가 진짜 여려요. 여리고 그거[연약] 해서 진짜 걱정도 많이 되고 애도 걱정되고 애 엄마도 걱정[되고] 밤새 거기 난리가 났을 건데, 도착하니까 애 엄마는 그래도 어쨌든 굳건히 지키고 있더라고요. 힘들면서도 지키고 있더라고요, 그래도. 그래서 도착했을 때 진도체육관에 갔었는데 난리가 아니죠, 그냥 그때는 막 싸우고 뭐 하고.

그래서 우리 같은 모임 사람하고 그쪽에 좀 힘이 있으니까 그쪽에서 해가지고 막 싸우고 난리 나고, 그래서 거기로[안산시로] 전화를 해가지고 "빨리 안산시장 좀 내려보내라" 그랬더니 안산시장이 거기 가 있다고 그러더라고요. "안산시장 좀 만나게 해달라" 그러고 있는데, 그 당시에 안산시장 만나가지고 "어떻게 하든지 진정을 시켜야 될 거 아니냐" 그런 식으로 하면서. 그러고 나서 나중엔 시장도 못 보고 막 그래 가지고 애 엄마는 진정 좀 시켜놓고.

그리고 애 삼촌하고 둘이서 같이 팽목으로 갔었죠. 팽목으로 가가지고 팽목에서 상황 계속 지켜보다가… 이런 말을 하면 어떤지 몰라도 내가 참 그 상황판단이랄까 그런 게 좀 남들에 비해서 많이 그거[정확] 해요. 물론 자식이지만 내가 그 둘째 날 내려갈 때는 힘들다는 거를 벌써 내 마음속으로는 저걸[직감] 했으니까, 마음속으로 '이제는 힘들겠다, 그러면은 이제 뭐가 그다음에 해야 할 거냐' 그런 생각이 들면은 '앞으로 어떻게 해야 될 것인가' 그런 생각부터, 그런 생각을 내가 해요. 일단 내려가서 집사람, 남아 있는 집사람 챙겨야 되고 그리고… 그리고 애 데리고 와야죠. 일단 그 처음 팽목항 갔을 때는, 진도체육관 갔을 땐 첫날은 그랬어요.

35
•

면담자　　다들 어떻게 할지 모르고 우왕좌왕하고 난장판이었던….

형준 아빠　　그렇죠. 그런데 그랬을 때 아까도 이야기했지만 어느 정도 상황 파악이 돼가는 거예요, 이게. 아까도 내가 처음에도 이야기했지만 이 모든 게 뭔 일이 벌어지면은 차후에, 차후의 것까지 해결할 방법까지도 생각을 해야 되니까, 해야 되는 그런 입장이다 보니까 가가지고 어쩔 줄을 모를 때 과연 지금 이게 맞는 건가, 뭔가를 해야 되는데.

우왕좌왕하고 있는데 뭔가 없어, 뭔가 해야 될 거 아니야. 사람들이 최고 저거 한[유감인] 게, 진짜 힘들겠지만 사람들이 우리 가족들이, 유가족들이 그 당시에 참 힘들어했지만은 그 당시에 전부 다 딱 저거[합심] 해가지고 뭔가를 하나 밀어붙이자 그랬을 때 같이 전부 다 해가지고 밀어붙였으면 되는데….

제일 사람들을 힘들게 했던 게 뭐냐면은 그 에어포켓이랑 48시간. 그 3일 동안 에어포켓이란 그걸로 방송에서 계속 때려줬어요. 사람이 이만큼이라도 (면담자 : 공기가 있으면) 아니, 그 희망을. 그런데 그게 희망이 아니거든요 그게. 그 48시간을 버린 거예요, 우리는.

언론에서 48시간을 이야기할 때 '참 이거는 아니다'. 물론 옛날에 얼마 전에 48시간 누가 그래 가지고 살았다 그랬잖아요? 지금 진도에 팽목항에 아니 맹골수도 거기서 아이들이 그 추운 바다, 바닷가 물속에서 그렇게 못 살아요. 만약에 에어포켓이 있다고 치더라도 그렇게 못 살아요, 그건. (면담자 : 저체온증) 네.

그랬을 때 현실을 빨리 인식을 하면 되는데, 나는 처음에 한번 그런 이야기를, 사람들이 모여 있을 때 그런 이야기를 했을 때 욕을 참 많이 먹었죠. "에어포켓이란 이런 건 없다. 우리가 가망이 없다. 가망이 없을 때는 우리가 빨리 뭔가의 조치를 취해야 된다" 그렇게 이야기했을 때 사람들한테 많이 욕을 먹었어요. 욕을 먹었는데 내 이야기가 통한 게 3일이 지나고 나서 그때는 이야기가 통해. 왜? 그 사람들도 희망의 끈을 서서히 놓기 때문에…(침묵).

나는 팽목항 가서 이틀째 되는 날 이것은 어떤 쉽게 이야기해서 기획된 침몰이다, 기획된 침몰이라고. (면담자 : 느끼셨나요?) 네. 기획된 침몰이 아니고는 대응 자체를 이렇게 할 수는 없는 거다. 아무리 무능하고 아무리 저걸 해도[대응을 못 해도] 대응 자체를 이렇게 할 수는 없는 거다. 그랬을 때 여기는 분명히 뭔가의 기획이 있을 것이다.

그래서 제일 먼저 떠오른 게 바로 전에 대선 부정. (면담자 : 네, 대선 부정) 네, 대선 부정. 그것을 덮기 위해서 가짜 [간첩] 조작 사건을 했었고 그게 잘못하니까 또 터졌잖아요. 그랬을 때 나도, 내가 정치를 모르지만은 그런 [조작 사건 이런] 거는 우리가 어렸을 때부터 많이 본 게 있기 때문에 뭔가를 하나를 그 정권을 유지하기 위해서는 사람의 목숨 한두 명, 수백 명 목숨 이건 목숨도 아니다. 자기들의 정권을 유지하기 위해선. 그랬을 때 사람들이 참 많이, 그 당시에 참 많이 저거를 했죠, 많이 부정을 했죠. 어떻게 사람의 목숨을 가지고 자기네들 정권을 유지하기 위해서 [희생시키냐고]. 그런데 정권이라는 거 자체는 충분히 그럴 수가 있다.

그래서 내가 특조위[4·16 세월호 참사 특별조사위원회]에다가 사건 신청한 것도 "과연 그 세월호 [사고]가 났던 4월 16일 이전이나 이후로 무슨 일, 사건이 있었는가?" 그거 조사해 달라고 특별히 신청을 했어요. 그 당시에도 이거 참. 그래서 동생한테 "야, 뭣 좀 한 번 뒤져봐라" 그래서 동생도 인터넷이란 인터넷은 다 뒤져보니까 참 희한하더라고요. 온 사방, 전 언론이 그때는 전부 다 세월호만 나왔어요, 네? 세월호만 나왔잖아요.

세월호만 내리 때리고 있을 때 무슨 일이 벌어지는가 봤더니 의료보험 민영화가 통과가 되고 뭐가 또 통과가 되고, 자기들은 그러니까 여기서는 울고불고 전 국민들 울고불고할 때 정치권에서는 엉뚱한 거, 엉뚱한 게 그렇게 넘어가고 있더라니까요. 그렇잖아요? 지금도 봤겠지만 박근혜는 그 당시에 국민연금에 대해서 보고받고, 누구야 그… 요새 정, 누구야, 정유라. (면담자 : 네, 정유라) 김종 차관한테 정유라에 대해서 빨리 그거[지원] 하라고, 딱 그 시기에 모든 언론은 세월호를 대고 비추고 있었어요. 어느 언론을 틀더라도 다 세월호가 전부 넘어가 있는 그 모습. 세월호를 비춰가면서 그냥 그 밤바다를 비춰가면서, 그걸 비춰가면서 자기들은 자기들의 할 일을 다 하고 있더라니까요. 그래서 일단 느낀 게 '아! 이거는 우리만의 일이구나. 전 국민이 슬프든 어떻든 이건 우리만의 일이구나' 그걸 느꼈죠.

면담자   아버님, 진도체육관에서 여러 가지 사건이 있었잖아요. 브리핑이나 상황보고, 전달은 제대로 했는지 그런 문제도 있었고 진도대교 건너시려다 경찰들이 막기도 했고 대통령도 왔었고 사찰도 당하시고요. 혹시 아버님이 경험하셨던 일은 있으세요?

형준 아빠   나는 대통령이 온다고 그랬을 때, 먼저 이렇게 체육관 자체에서 처음에 체육복을 입은 건장한 청년들이 줄을 서더라고요. 그래서 애들이 경호원이란 걸 직감적으로 느꼈고 그때 대통령이 왔었고, 그 전엔 원래 대통령이 안 온다고 그랬었죠. 안 온다고 그랬던 걸 우리들이 난리난리 치고 그때 남경필 지사하고 같이 있었는데 남경필 지사가, 다른 건 내가 모르는데 남경필 지사가 거기에서 참 힘을 많이 썼어요, 쓰기는. 다른 사람들은 진짜 아무도 설치고 그러지 않을 때 남경필 지사는 자기가 직을 건다고 하면서까지도 참 힘을 많이 썼어요, 내가 본 그 경황에서는.

그러고 다시 전화하고 그러더니 조금 있다가 사람들이 들어서고 '아, 대통령이 오는구나' 그걸 느꼈고, 그 당시에 대통령이 왔을 때는 참. 그 바로 전날까지만 해도 우리들은 다 듣고 전부 다 보고 자체든 상황 자체든 전부 다. 결국 우리가 뭐를 해달라 그러면 "알겠습니다"[라고 했는데] 그러면 4시간, 5시간, 응? 우리는 1분 1초가 아깝잖아요. 그러면 쫓아가 가지고 "어떻게 되냐?" 물어보고. 그러면 위에 이야기를 했는데 지금 연락이 없다고 그러고.

그렇게 하고 나서 박근혜가 왔을 때 그 옆에서 브리핑을 하는데 우리들이 생각하는 거하고 전혀 틀린 걸로 브리핑을 하고 있었잖아요. 구조세력이 몇백 명이 그거[구조] 하고 [있다고 그러고], 그 전날 조명탄 터트리라니까 조명탄이 다 떨어졌다[고 우리한테는 그 랬는데] 방송에서는 "지금 조명탄이 터지고 있다"고, "몇백 발이 터 지고 있다"고 그러는데 우리 [현장에] 나가 있는 사람은 "조명탄이 한 발도 안 터진다, 어떻게 된 거냐?" 그랬을 때 조명탄이 없어 가 지고 "여수비행장에서 날아와야 된다"고 그러고, 그런 상황이었단 말이에요. 그런 상황을 우리는 눈으로 보고 있지만 언론에서는 다 그렇게 이야기를, 그러니까 왜 우리한테는 진짜, 언론은 언론이 아 니에요, 그때는.

최고 그 한[화가 나는] 게 언론사들이 카메라를 들이대고 사실을 찍어야 되는 게 아니고 팩트[현상]만 찍는 거예요. 그냥 어디서 울 고불고 쓰러지고 거기에 대해서만 이제, 왜? 언론은 보여주기 위해 일을 해야 되니까. 진짜 어떨 때는 열받아 가지고, 팽목항에서 쓰 러지는 걸 막 [찍는] 그 카메라에 가가지고 카메라를 막 집어 던지 고 그런 상황이었으니까. "니들이 이걸 찍고 싶으냐, 찍고 싶으면 밖에 나가서 찍어야지", "아니면 들어오는 사람들의 그 증언들을 그런 거를 찍어야지. 구조 작업되[하]는 걸 하나도 못 찍고 사람들 쓰러져서 울고불고하는 그런 것만 찍어가지고 보내면 뭐가 그거 [보도] 하는 거겠냐".

박근혜 왔을 때도, 박근혜는 자기가 분명히 거기서 그랬잖아 요. 여기에 다 있는 모든 사람들을, 모두가 책임지게 하겠다고 했 잖아요? (면담자 : 네, 했죠) 내가 강당 바로 앞에 앉았었거든. 그러고 그 이야기를 다 들었어. 그래도 대통령이니까 뭔가가 변하겠지. 변한 거 있어. 대통령 왔다 간 후 뭐가 변한지 알아요? 알잖아요. 앞에 스크린, 스크린 설치했어요. 도저히 우리도, 우리는 거기 그 팽목항 그 상황을 "우리가 CCTV로 봐야 되겠다 그러니까 스크린 하나 설치", 왜냐하면 처음에 그 앞에 강당 앞에 요만한 거 있다가 대통령 왔다 가서 그거 하나 해놨어요. 변한 건 그거밖에 없어, 아무것도 없고.

그러면서 내가 아까도 이야기했지만 사찰이나 그런 거 이야기했지만 사회생활을 오래 하다 보니까 그런 거를 많이 좀 알아요. 그래서 가서 담배를 피니까, 이 체육관에 정면을 보면 좌측은 우리 유가족들, 그때는 유가족이 아니죠. 그냥 다 부모들이죠, 부모들. 그 사람들이 있어요. (면담자 : 네, 참사 피해자들) 네, 거기서 담배를 피워요. 그러면 우측으로 딱 나가면은 거기도 사람들이 담배를 펴요. 양쪽에서 이렇게 피는데 우측으로 가면 딱 그 느낌부터가 틀려. 그래서 나는 아까 말했듯이 알죠. '아, 얘들 정보과 얘들이구나'. 그땐 국정원까지는 생각을 안 했지만 얘들은 다 정보과 얘들이더라고. 그래서 이렇게 돌아다보면 정보과 얘들이 그냥 눈에 딱 들어와요. 쟤는 정보과 애, 쟤는 형사야, 쟤는 형사. 그 눈에 다 들어온다고요.

그런 애들이 맨날 같이 이렇게 왔다 갔다 하면서 나중에 좀 그거 하지만, 최고 이제 그 생각했던 게 거기서 오래 있다 보면 핸드폰을 충전을 해야 될 거 아니에요. 핸드폰을 어디다 충전을 하느냐, 그 앞에 강당에다 충전기를 쫙 놓고 거기다가 전부 다 한단 말이야. 하고 나면은 전부 다 힘드니까 그거 하잖아요? 그거를 누가 갖고 가가지고 뭐 하는지 모르잖아.

면담자   그렇죠, 계속 그것만 보고 있진 않으니까요.

형준 아빠   네. 그래서 사람들이 다 하는 이야기가 "내가 사진 찍은 게 없어졌네, 애하고 카톡 한 게 없어졌네". 핸드폰을 그러니까 그때 전기가 앞에만 쭉 이렇게 충전되는 데가 따로 따로 있으니까 거기다가 전부 다 뭐 20개, 30개, 40개 앞에 전부 다 핸드폰 충전만 하고 있으니까 그거를 누가 갖고 가가지고 거기서 이제. 그걸 느낀 게 '혹시 저거 저기다 충전해 놓으면 누가 가져다가 다 거기다 뭐 해놓는 거 아냐?' 그런 의심도 들고. 왜냐하면 너무 의심이 들게끔 하는 것들이 너무 많았으니까.

그리고 그 당시에는 한 거에 대해서, 나도 이제 내가 어느 정도 지나가지고 생각이 났는데 그 당시에 통화 기록이라든지 사진 찍은 거 하나도 없어, 지금. 뭐 찾아보려고 그래도 하나도 없어요. 근데 그 당시에 그걸 생각할 겨를이 어딨어요?

그래 가지고 보면 그 옛날에 처음에 학교에 갔을 때 누가 그 학교 강단에 올라가 가지고 막 떠들고 하는 사람이 있더라고요. 그러더니 "도저히 안 되겠다"고 "우리 빨리 진도로 내려가자"고. 나도 가족인 줄 알았죠. 가가지고 그때도 보면 그 사람이 처음에 체육관에서 가족 대표를 해야 되니 뭐 그런 거 하고 돌아다니더라고. 그런데 이렇게 우측으로 나가보면 우측에서 보면 걔하고 정보과, 그때 정보과 과장하고 그 해경, 그 사람들하고 뭐 같이 어쩌고 어쩌고 하고 있고 웃고 떠들고 같이 상황실로 들어가고. 저게 도대체 뭔가 그러다가 한 2, 3일 지나고 나서부터 그 정체가, "걔는 가족도 아니다"고 밝혀진 거고, 그러고 이거 도저히 안 되겠다 그래 가지고 그때 우리가 가족들 명찰들을 다 했잖아요.

면담자   네, 그래서 반별로 그때부터.

형준 아빠   네. 근데 우스운 이야기로 어떤 사람이 이제 하나를 딱 잡았는데 "당신, 뭐야" 그러니까 "나도 가족이다" 그래서 "너, 그럼 몇 학년 몇 반인데" 그러니까 "나 2학년 11반 누구다" 그래 가지고 보냈대. 그리고 나중에 알고 보면 2학년 11반이 없는데. (면담자 : 10반까진데) 네. 자기도 그냥 얼떨결에 내뱉는 거야. 그럴 정도로.

그래서 과연 여기서 정보과 애들이 왜 저렇게 많이 필요할까. 거의 우리 그때 처음 했을 때 체육관에서 사람들이 많을 때 정보과 인원, 형사들만 해도 한 그 인원의 4분의 1? 그러니까 걔들만 해도 몇백 명이 된 거예요. 그러니까 쟤들이 왜 그렇게 필요할까 그랬는데 나중에 밝혀진 그거 있잖아요. 여기서 대책회의를 하면 저기서 한 사람이 뭐라고 그래요. 그러면 "와" 하고 거기도 군중심리로 그쪽으로 가고, 여기서 "뭐 합시다, 합시다" 하고 대책을 하고 있으면 저쪽에서 죽이니 살리니, 되니 안 되니. 그러니까 전부 다 그게 공작이었던 거예요. 그 당시에는 그걸 몰랐지만 그게 다 지나가다[지나서] 보면은.

면담자 　다시 생각해 보니까 그런 게 다.

형준 아빠 　그러니까 그 팽목항에서 그 진도대교 건널 때도 이제 밑에 그… 그때가, 정 총리가 정홍원 총리가 그때 거기 우리 밑에 있었다고요. 그 진도체육관 밑에서 올라오지도 못하고 그래 가지고, 처음에는 그 정 총리 잡으러 가자고 간 거였거든요. 갔다가 안 돼가지고, 도저히 안 돼가지고 다시 "야, 우리 청와대 가자" 그런, 왜? 그때도 청와대 가자고 그랬던 게 박근혜 대통령이 바로 전전날 내려와 가지고 자기가 다 해주겠다고 그랬잖아. (면담자 : 네, 그렇죠) 해주겠다고 그랬는데 이쪽에서는 전혀 이야기가 안 먹히니까.

　물론 나는 거기서 도보는 안 했어요. 왜냐하면 집사람이 너무 그 하니까[몸이 안 좋으니까] 집사람 지키느라고 거기서 그냥 있었는데, 어차피 가봐야 제 생각에 '가봐야 가다가 막힐 것이다. 돌아올 것이다' 내가 알았고. 아니나 달라? 가다가 진도대교 앞에서 거기서 다 막혀가지고 다 돌아온 거 아니에요. 참 진짜 사람들이 아니죠, 쉽게 이야기해서 사람들이 아니에요.

　뻔히 그렇게 우리는, 우리가 눈으로 쳐다보고 있는 사실들을 그것도 다른 데서 브리핑하는 게 아니고 우리 앞에서 그 거짓을 브리핑하면 그걸 과연 우리가 받아들이겠냐 이거죠. 그러니까 일부러 더 사람들을 화나게끔 만드는 거. 브리핑이 아니고 더 화나게끔 만드는 거. 저 누구야, 그 김석균인가? 해경청장? (면담자 : 네) 김석균이하고 와가지고 그때 그 김경일이 123정 정장. 그때는 누군지도 다 몰랐죠, 지금이야 [알지만]. 123정 정장하고 데리고 올라와 가지고 자기들이 상황 설명을 다 하면서 지금 우리가 어떻게, 처음에 가가지고 다 퇴선 조치를 했는데 갑자기 배가 기우는 바람에 못 했다고. 처음에는 그런 식으로 [말했고, 그래서 우리도] 처음엔 그런 줄 알았죠.

그랬을 때에 "왜 배에 못 들어가느냐?" 그러니까 "지금 시기가 너무 안 좋고 물살이 너무 안 좋아, 쎄 가지고 들어가다가 도저히 못 들어가 가지고, 들어가다 그 줄만 연결해 놓고 나왔다" 그런 걸 우리 앞에서 쭉 설명을 했잖아요. "지금 우리가 결국 몇 교대로 하고 있다"고 그렇게 하고 있는데, 그러면 나가 있는 우리가, 그 가족분들이 [구조 현장에] 나가 있었으니까 거기서 지켜보고 있는 사람들이 이쪽으로 돌아오면 "무슨 소리냐, 지금 구조를 하나도 안 하고 있으면서. 왜 안 들어가느냐?"

그래 가지고 그때 당시 전부 다 의견들을 모았던 게 크레인, 해상 크레인이 도착을 했으니까 해상 크레인으로 그럼 더 이상 침몰되지 않도록 붙잡자. 그 정도는 잡고 있을 수가 충분히 있으니까. 그래서 조금만 더 들어주면 거기서 조금만 올려주면 사람들이 들어갈, 잠수사들이 들어갈 수 있지 않느냐? 그거를 서해청장이 자기가 그러면 해보겠다고 그랬어요.

우리가 "그럼 투표를 하자". 처음엔 왜 그랬냐면 "에어포켓이 있으니까 건들면 안 된다" 그런 측하고 "에어포켓이 있더라도 일단은 더 침몰되지 않게끔 하자" 그래서 찬반 투표가 있었단 말이에요. 찬반투표가 있었는데 일단은 그 크레인으로 우리가 더 침몰되지 않게끔, 근데 그 당시에 머리만 딱 남아 있을 때. (면담자 : 선수만 남아 있을 때) 네, 머리만 딱 남아 있을 때 "더 침몰되지 않게 하기 위해서 거기서 붙잡자" 그래서 찬반 투표를 해가지고 그거를 통과를 했단 말이에요.

그래 가지고 크레인으로 그럼 붙잡자고 그랬는데 서해청장이 붙잡자고 해가지고 했는데 자기가 답을 주겠다고 그러더니 나중에는 "아, 그거 안 된다. 이거는 내 선에서 떠났다" 그래서 난리 난 거 아니에요. "내 선에서 떠났다"는 그 이야기 듣고 전부 다 열받아서 그때 밑에 그 총리 와 있을 때 총리 잡으러 가고 총리가 도망가니까 그럼 "대통령한테 가자" 그래서 그 사단이 벌어진 거거든요, 그때.

그러면서 저 애꿎은 에어포켓에다가 에어[공기] 집어넣는다고 에어 집어넣다가 그 배가 다 갈라졌던 거 아니에요, 그때. 그러니까 그 당시에는 물론 조금씩 의혹은 있지만 지금 와서 보면은 어차피 배 가라앉히려고 그런 거예요, 그냥. 그러니까 그 당시의 의혹이 지금 하나씩 하나씩 밝혀지고 있는 거죠.

면담자   다 밝혀져야죠.

형준 아빠   그런데 그게, 그거는 안 밝혀질 거야. 만약에 전체적으로 밝혀질 것 같으면 내가 생각하기에도 최소한 4, 50년은 지나야 되지 않느냐. 어느 정도의 누가 뭐 잘못했건 그런 어느 정도의 쪼그만 사실들이야 밝혀질 수 있지만 (면담자 : 큰 그림은) 큰 그림은 밝혀지지 않을 것이다. 왜냐하면 큰 그림에는 너무 많은 사람들이 연루되어 있을 거니까, 하여튼 내 생각은 그래요.

면담자　　그럼 가족회의에서 결정했던 첫 번째 안건이 그 크레인이었나요, 아니면 다른 첫 번째 안건이 있었던 건가요?

형준 아빠　　뭐 조금씩 가가지고 "민간 잠수사 들여보낼 수 있게 해달라" 그런 것도 있고.

면담자　　그런 것도 다 가족회의에서.

형준 아빠　　그렇죠. 그런 것도 있었고 여러 가지 문제들이 있었는데 총체적으로 투표하는 식으로 가족의 의견을 물어봤을 때 그게 그거였죠.

면담자　　제일 큰 안건이요.

9
아이를 만나고 장례까지의 상황

면담자　　이제 질문 몇 개만 드리고 오늘 마무리를 하겠습니다. 어떻게 보면 가장 아픈 질문이 될 수 있을 것 같은데요. 아버님이 형준이를 만나기까지 한 7일? 4월 23일 날 올라왔으니까.

형준 아빠   제일 힘든, 아이의 마지막 모습 그거죠.

면담자   네. 이걸 여쭤보는 게 매번 죄송한데, 형준이를 만나기까지 기다리셨던 상황에서 아버님의 감정이나 느낌에 대해서 말씀해 주세요.

형준 아빠   내가, 어저께도 애를 보러 갔다 오면서 애 엄마하고 몇 번을 그런 이야길 했어요. 그 7일이라는 시간이 진짜 길었어요. 체육관 바닥에서 잠깐씩 눈을 붙이면서도 그 당시에는 자고 있다가도 눈 붙이고 있다가도 사람들이 막 소리치고 난리쳤을 때 아이를 발견, 아이가 나왔을 때 진짜 그….

그러면서도 애 엄마한테도 그렇게 몇 번을 이야기를 했어요. 지금 현재 남아 있는 미수습자들 그런 거 이야기하면서… 한 5일 동안을 매일 생각하는 게 '내 아이가 실종자라면' 어차피 '사망을 했다'고 생각을 굳히면서 찾지 못하면 어떻게 할 것이냐. 우리 애 엄마는 나중에 나한테 이야기하는 게 자기는 절대 "그런 생각은 절대 안 가졌다" 하죠. 아까도 내가 이야기를 했지만 내 생각 자체는 만에 하나 저 실종자 [가족] 틈에 내가 될[있을] 수도 있다는 그런 느낌, 일주일 동안 그런 느낌을 가져가면서….

삼 일째인가, 준혁이가 올라왔죠. 안준혁이라는 애가 올라왔는데 그 당시에 처음에 깜짝 놀랐죠. 그 당시에는 방송에서 아이들 이름까지도 다 보도를 할 때니까 온 사방에서 전화가 다 오더라고요. 왜냐하면 우리, 내 아는 사람들은 애 이름은 모르니까 안준혁이라고 그러니까, 안 씨가 올라왔으니까 온 사방에서 전화가 막 오더라고요. 참… 너무 힘들었죠, 그때가.

그리고 주위에서 같이 모여 있는 사람들 중에서 한 사람 한 사람씩 빠져 올라갈 때, 그… 일주일이라는 게 진짜 어떻게 생각하면 70일 같은 시간, 7년 같은 시간 그런 시간을 견디면서…. 최고 힘들었던 게 뭐냐면 내가 할 수 있는 게 하나도 없구나(울음). 아이가 바닷속에서 있는데 내가 할 수 있는 게 진짜 아무것도 없구나. 그냥 기다리는, 비참한 비통한 그런 마음을 가지고 일주일 동안을. 그게 가장 힘들었어요, 그러니까 애 올라오기 전까지는. 진짜 바닷속이 아니면 어디 가서 어떻게라도 해보고 싶고 그렇지만 바닷속에 있는데 할 수 있는 게 아무것도 없을 때, 그게 참.

그리고 체육관에서 애 엄마가 원체 약해 가지고 몇 번씩 혼절하고 그러면 다시 또 데리고 가서 링겔[링거]도 맞혀가지고 그러고, 전혀 뭐 먹으려고 생각을 안 하니까. 그러니까 항상 그 부모들 전부 다 이야기하면서 이런 이야기를 많이 들었을 거예요, 나도 그렇지만. 아이는 바닷속에 있는데 먹을 게 입으로 들어가는구나. 그런 이야기들 많이 하죠? 그래도 살아야겠다고 거기 있어야 된다고 먹고, 때 되면 가서 뭘 먹는다는 게. 한편으로는 그런 나를 보면서도 이중적인 잣대를 생각하고.

하여튼 그래 가지고 우리 애, 그 당시에는 애 고모하고 애 삼촌하고 다 같이 와 있었는데 너무 힘들어하더라고요, 그 일주일째 되는 날. 그래서 아침 어떻게든 조금 먹여가지고 체육관에, 나는 체육관에 있으면서 애 엄마하고 고모는 체육관에 앉혀놓고 나하고 동생하고는 계속 팽목항에 왔다 갔다 했으니까. 그냥 팽목항에 바람이나 쐬러 가자고 팽목항으로 좀 움직이자고 그러고 애 엄마하고 둘이서 팽목항을 갔죠.

팽목항을 가가지고 한 거의 한 10분이나 됐나, 그런데 마이크에 안형준이라고 이름이 나오더라고요. 남들은 거의 보면 인상착의나 신발, 옷 그런 걸 이야기하면 사람들이 혹혹 가가지고 전부 다 확인을 해야 되고 그런데…(눈물을 닦음). 그래도 애가 엄마가 팽목항까지 온 걸 알았는지 팽목항 딱 가가지고 한 10분 만에 애 이름이 불려졌어요. 누구 말대로 항상 다 사람들 앞에서 "축하합니다, 기쁘다" [그런 인사를 나누는데] 과연 그 표현이 맞을까. 근데 사람들 전부 다 그래. 시간이 지날수록 애가 올라오면 "축하한다"고 그러고, 과연 그게 축하할 일은 아닌데.

그래서 거기서 막바로 팽목항에서, 어차피 갔으니까 우리가 팽목항에 갔으니까 아이 시신을 확인을 하러 가면서, 처음에는 애 엄마를 안 보여줄려고 그랬어요. 그런데 극구 보겠다고 그러더라고요. 그래서 확인을 했죠, 자는 듯이 누워 있는 그 모습. 어째서 그랬는지 무릎은 다 까지고…. 그걸 봤더니 개는 나올라고 다 준비를 했어요. 개는 옷에 명찰도 있었고 명찰 달려 있었고 아, 명찰 달린 게 아니고 지갑을, 지갑도 다 챙기고 주머니에 핸드폰, 휴대폰도 챙기고 와이파이 그 (면담자: 에그[휴대용 와이파이] 같은) 그런 것까지, 네. 다 챙기고 주머니에 다 챙기고 있었어요.

그래서 나오자마자 걔는 형준이라는 것을 확인된 거고…. 어차피 마음속으로 아이를 받아들여야 되는 거니까, 물론 받아들이기 힘들지만은 받아들여야 되는 거니까 아이의 마지막 모습을… 엄마는 아이의 온몸을 다 만져가면서…(눈물을 닦음). 확인하러 딱 들어갔을 때 그 당시 일곱 구인가 여덟 구의 아이들이 누워 있는 모습을 봤을 때 진짜 그… 저 멀리서도 우리 애가 보이더라고요, 그냥. 안 그러고 얼굴이 긴가민가 그런 사람도 있어요. 얼굴이 긴가민가하는 사람도 있는데, 저 멀리 있는데도 우리 애가 얼굴이 보이더라고.

그리고 시신 안치를 하고 확인을 하고 다시 관에 넣어가지고… 제가 관 뚜껑 덮었죠…. 그러고 나서 최고 그거 했던[기가 막혔던]게 거기서 아이 관에다가 번호를 쓰래요. 확인하기 위해서 번호를 쓰래, 139번. 그거 쓰면서 그 사람들한테는 "이게 뭐냐, 번호로써 애를 사람들을 분류를 하느냐…". (눈물을 닦으며) 그게 아이의 마지막 모습이었습니다. 처음 만난 모습이죠, 저희가. 살아 있을 때 보고, 죽어서의 첫 만남.

면담자   아버님, 아이의 장례까지의 과정도 말씀해 주시면 감사하겠습니다.

형준 아빠   장례 과정이요?

면담자   네, 죄송합니다.

형준 아빠   아니, 이거는 장례 과정은 짚고 넘어가야 돼요. 우리가 7일째 되는 날 새벽에 아이가 하나 바뀌었어요. 들었죠? 준형이, 준형이가 바뀌었어요.

면담자 네, 제가 들었던 거 같아요.

형준 아빠 네. 장례 치르기 바로 전에 바뀌어가지고.

면담자 그래서 그다음에 DNA 검사하기 시작한 거잖아요.

형준 아빠 네. 그래서 그 새벽에 7시까지인가 나온 사람들은 [DNA 검사 없이] 올라갔어요. 그리고 나서 그다음부터 회의를 해가지고 DNA 검사를 한다고 그러더라고. 우리가 애가 나온 게 10시 정도 됐으니까 나는 애가 나오자마자 장례 저거를 하러 그때 그 장례지원단이 있을 때 갔죠, 거기를. 그랬더니 자리가 없다고 그러더라고.

알았다고 그러고 나서 내 스스로, 내가 처음에 한도병원하고 저기 그 군자장례식장. 군자장례식장 그 자리가 애가 태어난 자리예요, 거기가. 옛날에 거기가 장례식장 하기 전에 우리 회사 자리였고 애가 거기서 태어났단 말이에요. 그래서 군자장례식장하고 전화를 했어요, 내가. 전화를 했더니 "자리가 없다"고 "한 하루나 이틀 기다려야 된다" 그래서 다시 한도병원에서, 한도병원 그 이사하고 또 제가 친분이 [있는] 지인이라 가지고 이사한테 전화를 했어요. 그때 한도병원 거기도 다른 사람들은 전부 다 무조건 "자리가 없다"고 그러고 그래서 지인한테 전화를 하니까 "자리는 없는데 일단 그 안치실에다가 하루든 며칠 안치했다가 해도 된다" 그러더라고. "그렇게는 해드리겠습니다".

그래서 다시 애 삼촌, 동생이 바로 전날 올라갔으니까 전화를 했죠. "야, 하나 잡아라" 그랬더니 "알았어요" 그러더니 조금 이따 전화를 하더니 "형님, 시화센트럴에 잡았습니다" 그러더라고요. "그럼 알았다" 그래서 가가지고, 그러니까 그 사람들이 잡은 게 아니에요. 내가 내 스스로가 잡아가지고 "나 시화센트럴로 가겠습니다" 그랬더니 "예, 알겠습니다" 그랬는데 애 엄마는 그때 혼절해 가지고, 애를 보고 나온 다음이니까 혼절해 가지고 링겔[링거] 맞고 있고 혼자서 왔다 갔다 하고.

갑자기 DNA 검사를 하고 올라가야 된다고 그러더라고요. "무슨 소리냐, 금방까지 다 올라간다고 이야기를 하지 않았느냐?" 그랬더니 이쪽에서는 "올라가라"고 그리고 이쪽에서는 "안 된다"고 그리고. 그래서 "도대체 이게 뭐냐" 그래서 팽목항에 있는 상황실로 가재. 그래서 상황실에 쫓아갔어요. 상황실에 쫓아가서 난리를 쳤죠. "뭐냐?" 그랬더니 "DNA 검사를 해야 된다"고. "아니, 아까까지만 해도 다 된다고 하지 않았느냐, 왜 이렇게 이야기하고 저렇게 이야기하느냐" 그러니까 한쪽에서는 거기서도 이야기하는 게 한쪽에서는 된대요. 그래 가지고 그 보건복지부 국장인가, 그 사람도 된대.

"그래? 알았어, 그럼" 그러고 나서 하도 그런 걸 많이 당하니까 당신 좀 따라오라고, 상황실에서 다시 또 데려가서 천막사 거기까지 또 데려갔어요. 데려가서 거기서 "자, 당신 상급자들한테 확실하게 내가 들어야 되겠다. 그러니까 상급자한테 확실하게 인수인계를 시켜라. 여기서 전화로 하지 말고 본인이 직접". 그래서 거기서도 상황실에서도 또 상급자들한테 해가지고 "도대체 이게 뭐냐?" 그랬더니 가족대책위하고 이야기를 했대.

"그럼 좋다" 그리고 가족대책위를 갔어요. "상황이 어떻게 된 거냐?" 물어봤어요. 물어봤더니 "아버님 지금 상황이 좀 안 좋으니까 DNA 검사를 하고 그러고 올라가야 됩니다" 그래. 그럼 확실하게 "내가 지금 나 혼자만의 저게[문제가] 아니고 지금 그러면 따라야하니까 나도 따르겠다. 그런데 이게 지금 확실한 것도 아니고 저쪽에서는 된다고 분명히 이야기를 한다. 그럼 한쪽에서는 되고 한쪽에서는 안 되고, 그러면 어떤 걸 믿겠느냐? 그럼 와가지고 저거를 [해결을] 해라".

그래서 그다음에 다시 상황실 가가지고 또 책임자를 데리고 왔어요. 데리고 와가지고 "자, 당신 위에 결정권자가 누구냐?" 그랬더니 그 어디야, 국과수 거기 무슨 그 사람이 총책임자래요. 그러면 "그 사람 나오라고 그래라" 그랬더니 자기가 전화를 하겠다고 그러더라고. "나와라 무조건". 왜냐하면 너무 많이 그 사람들한테도 당하다 보니까 이제는 내가 스스로 내가 발로 뛰기로 해가지고 한 사람 한 사람씩, 그것도 전화로 하지 말고 데리고 찾아오라고. 그래서 데리고 왔어. 데리고 와가지고 "당신이 인계할 사람한테 나를 인계해라" 그래 가지고 내가 그때 결국 마지막으로 그 검시, 그 검사인가 그래요. 여하튼 그 사람을 딱 데리고 나와가지고 "자, 지금 됩니까, 안 됩니까?" 그러니까 신원만 확실하면 된대, 거기서는.

"그래요?" 그러면 나한테 이야기하지 말고 그날 그 시간에 나온 사람이 열몇 명 있어요. 그래 가지고 그 사람을 데리고 우리 가족들 앞에 갔어요. 전부 다 웅성웅성 어떻게 해야 될지를 모르니까, 웅성웅성하는 걸 다 모이라고 그랬어. 모이라고 그러고 "확실하게 이야기를 해라" 그러니까 확실하게 이야기를 하더라고, 거기서. 신원이 확실하면은 오늘 올려 보내주겠대요.

그럼 그 신원이, 어떻게 신원을 확실하게 할 수 있느냐? 뭔가의 특징이나 그거를, 그러니까 또 검시과장을 데리고 왔어요. 그래서 내가, 전부 다 사람들이 어떻게 해야 될지를 모르고 있더라고. 그래서 내가 혼자서 일곱 명을 총 저거[대표] 해가지고, 결국 나중에 그 검시과장까지 해가지고 "자, 확실하게 우리 사람들 전부 다. 아이들은 나왔는데 확실하게 이야기해 달라" 그래 가지고 이야기를 한 거죠. 이야기를 해가지고 "그러면 어떻게 할 것이냐?" 그래서 이야기한 게 신원이 확실하면은 확실한 사람은 보내주겠대.

그런데 나 같은 경우는 애가 지갑이니 핸드폰이니 다 가지고 나왔어. 그런데 그 걸로도 안 된대. 자, 그러면은 신체 특징을. 그런데 신체 특징을 하라는데 부모들이 쉽게 이야기해서 "당신 자식 신체 특징이 뭐요?" 그러면은 눈으로는 이렇게 봤지만 막상 이야기를 하려면 "우리 애는 여기에 점이 있고 여기에 점이 있고…" 그런 거밖에 없어요. 우리 애는 키가 좀 크고 발이 좀 크고 그런 걸로. 막상 부모들이 아이들을 계속 이렇게 봤지만 내 아이의 진짜 특이한 신체 특징이 없으면은 몰라요. 그러니까 막상 이야기를 하라면 못 한다니까? 그래 써내라고 하더라고요. 그래서 써냈어. 애 엄마한테 가가지고 "애 신체 특징이 뭐야?" 그랬더니 얼굴에 점이 있고, 얼굴에 점 없는 사람이 어딨어요, 네? 그래 가지고 애가 지금 그….

면담자 　　　　치아교정이요.

형준 아빠 　　　　치아교정을 하고 또 저기 치아교정 하면 이쪽에 뭐 그?

면담자 　　　　사랑니?

형준 아빠 　　　　아니. 중간에 이빨을 몇 개 그거.

면담자 　　　　아, 빼죠.

형준 아빠 　　　　빼고 뭐, "자, 그러면 어느 쪽이야?" 그랬더니 갑자기 생각이 안 난데.

면담자 　　　　생각 안 나죠.

형준 아빠 　　　　응. "오른쪽인가, 왼쪽인가?", "몇 번째 이빨이야?" 그러니까 그것도 기억이 안 난데. 그래서 "어느 치과야?" 그러니까 안산에 어디 치과래요. 그래서 다시 거기 전화를 했어요, 안산 치과에다. 전화 해가지고, 그것도 안 알려주더라고요. 그것도 그 애들 정보라고 안 알려주더라고. 그래서 사실 이야기를 했죠. 애가 지금 우리가 이 세월호 사건의 당사자인데 이래 이래 가지고 확인을 좀 해주십쇼. 그러니까 그때서야 확인을 해주고 몇 번째 치아의, 그게 최고 그.

면담자	맞아요, 치아로.

형준 아빠 응, 치아로 하는 게 최고, 그 검시관들이 최고의 그거[특징]로 해주더라고. 그래서 보내주기로 해줬어. 그러고 나서도 또 가가지고 연락이 없는 거예요. 밖에서는 전부 다 안달이 나는 거죠. 그래서 어떤 사람들은 솔직히 애들이 일주일 만에 나오니까, 좀 애들은 긴가민가 비슷비슷한 애들끼리 바뀌는 것도 있고 그러니까 "나는 그러면 확실하게 DNA 검사하고 가겠다"는 사람들도 나오고 그런 식으로 그걸 하더라고요. 그래서 그날 10시, 그러니까 한 7시까지 나온 사람은 다 올라갔어요.

그리고 7시 이후로 해가지고 17명인가 18명인가 최고로 많이 나왔어요, 그때 많이 나왔더라고. 많이 나왔는데 거기서 단 두 명만 올라왔어요. 내[형준이]하고 또 다른 애 한 명하고. 그것도 밤 10시 넘어가지고. 아침에, 아침부터 해가지고 그것도 진짜 내가 내 발로 뛰어가지고. 너무 그 사람들이, 왜냐하면 말이 이쪽에서는 "됩니까?", "예, 됩니다" 그러고 "저기로 가세요" 그러면 저기로 가면 "안됩니다" 그래 가지고 그 책임자들을 일일이 내가 다 데리고 왔어요. 데리고 와가지고 인계받아 가지고 결국 그 마지막 검시관까지 마지막[으로 확정]해 가지고 그래서 애를 그날 데리고 올라왔다니까요. 그 병원도 내가 직접 찾고.

처음에 그 이야기 했더니 저 어디 군포 어디로 가라고 그러더라고요. "거기는 너무 멀다". (면담자 : 그렇죠) 그래서 시화하고 안산은 어쨌든 다 비슷하니까. 또 지금 시화병원 그 병원장하고는 우리 같은 모임하고 잘 알고 그래 가지고 장례 치를 때도 그 병원장 맨날 내려와 가지고, 애 엄마는 장례 치를 동안 3일 동안 계속 병원에서 안에서 링겔[링거] 맞고 있었으니까. 그래서 진짜 참 내 스스로 내 발로 뛰어가지고 애를 데리고 올라왔지, 누가 애 옆에서 해가지고 그렇게 해가지고 [올라온 게 아니에요].

그리고 올 때도 그 전날까지는 전부 다 앰뷸런스를 타고 올라갔잖아요. 앰뷸런스를 타고 올라가면서 이제 올라간 사람들이 그러길, 그땐 반 밴드가 있었으니까 거기로 연락을, "부모님들 웬만한 분은 앰뷸런스 타고 올라오지 마십쇼". 왜냐하면 앰뷸런스를 타고 가면은 아이 시신하고 바로 둘이서 해가지고, 얼마나 힘들겠어요, 그게. 그래서 먼저 간 사람들이 자꾸 정보를 주니까.

그래 가지고 우리 했을 때는 그 운구차하고 앰뷸런스하고 헬기하고, 그때 처음 그거를 했어요. "어떻게 할 거냐?"고 그러더라고요. 그래서 가서 이렇게 물어봤어요. 앰뷸런스를 타고 가면 둘이서 앉아 가야 된대요. 헬기를 타고 가면 헬기 타도 둘이서 앉아 가야 되고 나머지 가족들은 따로 와야 되고. "운구차는?" 그러니까 운구차는 한 명만 탈 수 있대요. 그것도 앞에 자리 앞자리에, 뒤에는 못 들어가니까 한 명만 탈 수 있대.

그러면 내가 생각하기에도 '앰뷸런스 타고 둘이 같이 올라가면은 진짜 그 애 엄마까지 잘못될 것 같다' 그래 가지고, 그래서 애 엄마한테 이야기도 안 하고 그냥 내가 운구차를 잡은 거예요. 운구차를 잡고 딱 타는데 거길 탈라고 그러더라고. 그래 가지고 내가 "여긴 못 탄다, 여긴 한 사람밖에 못 탄다. 뒤에 택시 있으니까 택시에다가 고모하고 해가지고 같이 택시 타고 올라와라. 여긴 못 탄다" 그러니까 기어코 타야 된데. 그래서 "못 탄다 여기는, 한 사람밖에 못 타는 거다" 그래서 내가 운구차 타고 오고 그렇게 해가지고 안산에 올라왔죠. 하여튼 그 애 마지막 만나가지고 올라오는 과정도 진짜 순탄치가 않았어요. 너무 그 힘든 사람들을 모든 거 힘든 사람들이라고 말로만 하면[하지 말고], 그러면 그런 거는 다 해 줘야지.

면담자   원활하게 해줘야.

형준 아빠   응, 원활하게 해줘야 할 거 아니야. 되는 게 하나도 없어요. 너무 우왕좌왕하고 뭐 될 수 있는 게, 그래서 내 스스로 내 발로 뛰지 않으면 제대로 되는 게 하나도 없고 그런 거죠. 그걸 느 꼈기 때문에 거기서도 사람들 전부 다 우왕좌왕 어떻게 할지 모를 때 혼자서 내가 그 사람들, 부처를 일곱 군데를 갔어요. 해수부, 보 건복지부, 가족본부 해가지고 일곱 군데를 거쳐가지고 마지막으로 도장받고 올라왔어요. 마지막, 엔드.

10
아이들의 49재

면담자   아버님 종교가 따로 있으셨던 건 아니셨죠. 그런데

49재 하셨잖아요, 애들 같이 해서. 어떻게 그런 생각을 하신 건가요? 다른 가족분들은 생각 안 하셨는데.

형준 아빠   아니, 다 생각들은 했었죠, 했는데. 처음엔 "한다", "안 한다" 그러다가 "그래? 그러냐"고 "그럼 내가 추진을 해보겠다" 그렇게 이야기를 해가지고 거기 간 거예요. 기독교, 아니 불교 부스를. 불교 부스를 가가지고, 그때는 처음에 우리 반에서 이야기를 한 거니까 반에서만 이야기를 한 거니까. 우리 반에서 어쨌든 내가 연장자다 보니까 밑에[나이 적은 부모들과 의논] 해가지고 이야기를 했죠. 옆에 몇 사람 이렇게 하다 보니까 한 다섯, 여섯 사람 정도가 여기에 호응을 하더라고요. 나머지 분들은 절에 모신 사람은 절에서 한다고 그러고 그리고 교회 다니는 사람들한테 이야기하니까 그냥….

어쨌든 뭔가는 부모로서 애가 어쨌든, 나도 물론 불교는 안 다녔어요. 불교는 아니고 옛날에 천주교도 다니고 기독교도 다녔지만 이거는 이 49재라는 게 아이들한테도 참 그[좋으라고] 하지만 부모 마음에도 그 아이들을 뭔가를 위해서 해주고 싶은 그런 마음이 있어 가지고 기독교 부스를 아니, 불교 부스를 가가지고 이야기를 했어요. 그랬더니 "몇 분이서 하실 거냐?"고 묻더라고. "그래서 한 다섯 분 정도 하는데 와서 할 때 그냥 크게는 아니고 그냥 와서 아이들 위해서 축복이랑 해줄 수 있느냐" 그랬더니 "아, 해드리겠습니다" 그러더라고요. 처음에는 그렇게 시작을 했어요.

며칠 있다 연락이 왔더라고요, 좀 보재. 그래서 만나서 갑자기

일이 커져버린 거예요. 왜냐하면 불교 종단 차원에서 가족들이 요구를 하니까 처음엔 "한 다섯 사람만 한다" 그랬다가 그러면은 "이거를 전체로 한번 하자" 그래서 일이 커져버린 거예요. 그러면서 어디다 하냐면은 그 옆에 롤러스케이트장 거기서 천도제를 지낸다고 그러더라고요. 그래서 "이거는 아닌 거 같다". 내가 어쨌든 나하고 처음에 이야기를 했으니까 "이건 아닌 거 같다. 내가 아직 이거를 가족협의회에다가도 이야기를 한 것도 아니고 우리 반끼리만 해가지고 몇 명만 해가지고 하기로 했는데 여기서 49재를 지내는 다른 사람들도 있으니까 좀 아닌 거 같지 않느냐?" 그래서 거기서 말들이 좀 오고 가고 그랬어요.

그러다가 "그럼 어떻게 해줬으면 좋겠냐"고 그래서 그러면은, 우리 아이들 그때는 그 하늘공원에, "그러면 하늘공원에서 하자" 그랬더니 하늘공원이 너무 비좁다 이거죠, 비좁다 그러더라고. "그래도 거기서[화랑유원지에서] 하는 거는 아닌 거 같다. 왜냐하면 쉽게 말해서 기독교 다니는 사람들도 있고 천주교 다니는 사람들도 있고 그런데 거기서 크게 행사를 치르면 좀 아닌 거 같다".

그리고 나서 불교 그 무슨 스님이야, 그 사람하고 계속 거기에 대해서 상황을 [이야기가] 왔다 갔다 하다가 그러면, 그리고 나서 불교 종단에서 결정을 지은 게 "어차피 할 건데 그럼 자기들이 크게 해주겠다. 전체 가족들의 의견을 하고 싶은 사람들의 의견을 들어라" 그러니까 처음에 우리는 그 하늘공원만 이야기했는데 서호하고 효원하고 전체 다 자기네들이 "하고 싶은 사람들은 다 해주겠다" 그렇게 된 거죠.

그래서 그거는 우리 입장이 아니고 내 입장이 아니고 우리는 나는 내 입장으로서 우리 가족들 몇 사람이 하게끔 했는데 일이 커져버렸으니까 "그럼 가족협의회에다가 이야기를 해라" 그랬더니 그때는 가족대책위죠. "가족대책위에다 빨리 이야기를 해라. 그러면 나도 가서 이야기를 하겠다". 그러고서 가족대책위한테 가가지고 운영위원장한테 "사실은 내가, 우리는 우리 가족 몇 사람을 위해서 49재를 지내기 위해서 이렇게 하는 건데 처음에는 그거 한 게 [작게 시작한 게] 불교 종단에서 그거[천도제]를 하기로 했다. 그래 가지고 전체적으로 하기로 했으니까 그걸 가족협의회랑 해라" 그래 가지고 가족협의회에다가 넘겨줬죠.

넘겨줬더니 효원하고 서호하고 다, 세 군데를 다 한 거 아니에요. 다 했는데 제일 크게 한 게 이제 하늘공원에서 한 게 제일 크게 한 거죠. 그래서 우리가 오후에 하기로 했으니까 오전에 우리 같은 반에 휘범이, 휘범이네가 그래 가지고 효원에 갔다가 다시 올라온 거예요. 그 당시에 정무 아빠라고 정무 아빠가 대외, 대협[대외협력]분과장을 해가지고, 그러면 처음에는 내가 주도를 했지만은 전체적인 저게[일이] 돼버리니까 "그럼 대협분과장 네가 다 알아서 해라" 그래 가지고 대협분과장이 총괄하는 걸로 해가지고 그렇게 했죠.

그래서 이제 여기서 했잖아요? 했는데 안 한다는 사람들도 해가지고 많이 나왔더라고요, 그래서 참 많이 나왔고. 그 당시에 그때 처음 우리 범수 아빠라고, 범수 엄마가 몸이 저거 해[아파] 가지고 안 나와. 그래서 얼굴을 전혀 안 봤는데도 그날은 나와서 왔더라고요. 그날 그렇게 비가 많이 쏟아지고 하는데도… 사람들이 전부 다, 이제 모르는 사람들은 가족대책위에서 한 걸로 알고 있으니까 그냥 그쪽에서 그렇게 유추하는데, 아는 사람들은 내가 그 안 한다는 사람들 몇 사람들, 이거는 종교를 떠나서 내 마음과 아이들을 저거를 하게[좋은 곳으로 가게] 하는 거니까 하자 그래서 몇 사람을 더 끌어들였거든요.

그 사람들 마지막에 하고 아이들 영정 사진 태워주고 하고 나서 나중에 그래요. "진짜 고맙다"고 말해요, 나한테 와서. "아버님, 제가 안 할려고 그랬는데 그래도 하고 나니까 마음도 편하고" 그러니까 그래서 어쨌든 나는 이 부모들은 어쨌든 좋다니까, "좋은 거는 좋겠다"라는 생각에, 물론 살았을 때 못 해줬지만 그래도 아이들한테 좋다는데 그걸 못 해주겠냐 이거야. 내가 종교를 떠나서 아이들이 그냥 구천을 떠돌지 말고, 그냥. 원래 그 49재가 구천에 떠돌다가 하늘로 올라가는 그런 저거니까. 그래서 여기서 성대하게 했고, 참 좋았고.

그래서 옆에서 감명 깊게 본 《불교신문》 사진기자, 아니 기자더라고요. 기자하고 이렇게 이야기를 하는데 거기서 그 누군지는 모르잖아요? 누군지는 모르고 어떤 아버님께서 처음에 불교 부스에 찾아와 가지고 "이러이러한 것 좀 불교 부스에서 해달라" 그래 가지고 그걸 논의하다가 "[전체적으로 하는 건] 뭐 어떨까" 이래서 종단 차원에서 해가지고 모든 걸 했다고 그렇게 이야기를 하더라고요. 그래서 그 기자보고 "아, 제가 그랬어요" 그랬더니 "아, 아버님이 그러셨냐"고. 물론 그냥 뒤에서 나는 내 입장은 내가 거기 나서는 입장이 아니니까 그냥 뒤에서 전부 다 서포트[지원]해 주고 또 나이가 좀 먹었잖아. 우리 그 반에서도 내가 세 번째니까, 그리고 우리 활동도 좀 하다 보니까 그냥 뒤에서 서포트를 해주고 하다 보니까 굳이 나서가지고 되는 일 하는 것도 아닌데. 그래 가지고 49재를 하고 나서 나 역시도 좋았고 모든 사람들이 좋았다고 하니까 그걸로서 참 뿌듯했고…, 그 사실은 몰랐죠? 내가 주도를 했다는 사실은.

면담자   아니요, 저는 그 ≪불교신문≫ 읽고 왔어요.

형준 아빠   그걸 읽었어요?

면담자   네, 찾아서.

11
인터뷰 관련 이야기

형준 아빠   우리가 여기 올라오자마자 애를 보내고 우리는 애 엄마를 하늘공원에서 막바로 내가 병원으로 보냈어요. 병원에서 한 3일 정도 입원을 했어. 그리고 3일째 되는 날인가 해가지고 우리가 다시 팽목으로 차 두 대인가 세 대인가 해가지고 다시 내려갔었잖아요. 올라온 사람들이 다시 또 거기로 내려갔었잖아요. 그래 가는데, 간다니까, 나 거기 갔다 온다니까 병원에 입원해 있는 사람이 자기도 가겠대요.

그래서 그때도 그랬지만 미안한 건 우리 애들 죽어서 나온 거, 애 데리고 가면서도 남아 있는 사람들한테 진짜 눈치 보이고 미안하고 그래서 그때 우리 차에는 SBS가 탔어요. SBS가 타가지고 거기서 인터뷰를 간단히 했는데. 그래서 처음에는 네이버를 치면 그 기사가 나와요.

저기서 울산에서 ≪경향일보[경향신문]≫하고 거기서 나는 모르는데 누가 전부 다 인터뷰 기사들을 하더라고요. 나도 진도체육관에 있을 때는 하도 언론들이 저거[화나게] 해가지고, 인터뷰를 하더라도 그때 영국 BBC하고 인터뷰하고, 그래 가지고 외국 언론들하고 인터뷰 한두 번 하고 국내 언론들하고는, 그러니까 그때 쉽게 이야기해서 [국내 언론은] 언론이라고 생각도 안 했으니까. 지금이야, 그 당시에 JTBC가 그렇게 잘한 줄 알았지만, 지금 와서는 잘한 줄 알지만 그 당시에는 전부 다 똑같은 언론들이었고. 그나마 거기서 YTN이나 계속, YTN만 보고 있었으니까.

그래서 거기서는 웬만하면 인터뷰를 안 하고, 왜 또 인터뷰 같은 것도 잘 안 하냐면 우리 애 할머니가 지금 병원에 있어요. 병원에 있는데 아직 이 사실을 몰라. 내가 갔었어도 이야기도 안 했고, 아직. 그래서 애 엄마도 그렇고, 이 언론이라는 게 언제 어떻게 나올지도 모르고 그러니까. 노인네들이 병원에 있다가 또 뉴스 자주 보잖아요.

그러면 내가 처음에 저거 했을 때 4월 16일 날 학교에 있는데 KBS 뉴스에 카메라가 지나가면서 나 혼자만 클로즈업이 얼굴이 크게 돼버렸어요. 갑자기 전화가 여기저기서 전화가 오는 거예요, "너 왜 거기 있냐"고. 그러니까 그거는 내가 찍[히]고 싶어서 찍은 것도 아니고 그냥 옆에서 학교에서 서 가지고 강당 쳐다보고 할 때 카메라가 지나가면서 딱 혼자, 혼자 딱 찍혀버린 거야. 그래서 웬만하면 인터뷰도 안 하고 그래서, 애 엄마도 그렇고 자꾸 이거를 나가서 자꾸 이제 가면은 사진, 맨날 사진 찍히고 또 인터뷰해야 되고 그런 게 좀 저거[불편] 했죠.

그래서 내가 인터뷰도 잘 안 하고 그냥 이렇게 참석들을 하면 항상 사진 찍으면 저 뒤에 가서 얼굴 이렇게 하고 있고 그리고 저기 어디냐, 촛불 가면은 항상 그냥 밖에 나와 있고. 거기 앉아 있으면 다 찍혀버려요. 네. 그래서 내가 촛불을 물론 많이는 안 갔어요, 많이는 안 갔는데. 우리는 가족협의회가 5차인가 4차인가, 5차부터 그때부터 참석을 했는데, 우리는 그 1차 촛불 때 우리 엄마들 몇 분 있어 가지고 1차 촛불 때부터 갔다가 그다음부터 해가지고 많이들 바쁘고 다른 일도 하고 하다가, 한 반 정도는 반 이상은 참석한 거 같아요. 그 다들 가는 사람도 있어서.

12
마무리 인사

면담자   아버님, 오늘은 이만 마치기로 하고 2차 구술 때는 3년 정도 기간 동안 가족분들의 투쟁과 공동체 활동 경험에 대해 여쭤보도록 하겠습니다. 긴 시간 구술에 응해주셔서 감사드립니다.

2회차

2017년 3월 20일

1
시작 인사말

면담자   본 구술증언은 4·16 사건에 대한 참여자들의 경험과 기억을 기록으로 남김으로써 이후 진상 규명 및 역사 기술에 기여하고자 합니다. 지금부터 안재용 씨의 증언을 시작하겠습니다. 오늘은 2017년 3월 20일이며, 장소는 안산시 단원구 세승빌라입니다. 면담자는 정수아이며, 촬영자는 김솔입니다.

2
최근 근황

면담자   아버님, 1차 구술한 이후에 일주일 지났는데 그동안 어떻게 지내셨어요?

형준 아빠   일주일 동안? 그냥 평상시처럼 지냈죠, 일하고.

면담자   어제는 세월호 인양하네 마네 뉴스도 있고 그래서 마음이 심란하셨을 것 같은데요.

형준 아빠   너무 많이 당하니까, 너무 많이 그거[실망] 했으니까 그냥 또 그러려니.

면담자   이번에도 자신만만하게 이야기해 놓고서 3시간 만에 호주의 기상청에서 기상을 바꿨느니 하면서….

형준 아빠   아까도 잠깐 봤더니 그런 이야기도 나오더라고. 그
인양 와이어 줄이 (면담자 : 네, 꼬여가지고) 꼬였잖아요. 꼬였을 때
는 인양 시도를 했다는 거야. 힘을 가했기 때문에 꼬인 거니까. 그
런데 해수부에서는 안 했다고 그러잖아요. 그 힘을 가해가지고.

면담자   그렇죠, 뭔가는 시도를.

형준 아빠   시도를 했을 때 그 줄이 꼬였으니까, 그런 식으로.
그러니까 너무 많은 거를 언론에서, 언론이야 물론 우리 가족들이
나 해수부에서 발표해 주는 거 그대로 현재까지 그것밖에 정보가
없으니까. 우리가 거기서 직접 물론 그 위에서 동거차도에서 보고
는 있지만은 과연 무엇을 하는지는 거기에 대한 정보는 못 얻으니
까. 일단은 뭔가 특이 사항 있으면 우리가 이쪽에서 정보 공유를
하고 그걸로 다시 인양분과장이 해수부하고 통화를 하고. 그래서
보면은 항상 해수부 쪽에서 먼저 연락이 안 오고 우리는 가족협의
회에서도 언론을 통해서 알던가, 아니면 우리가 재차 다시 이상한
점이 있어 가지고 전화를 했을 때 그때서야 답변을 해주던가. 요즘
은, 옛날에만 해도 처음 인양할 때만 해도 인양분과장하고 해수부
하고 좀 긴밀한 관계를 [가지고] 했었는데 요즘은 또 그렇게 라인이
떨어졌다고 하더라구요.

면담자   22일 날에는 시험 인양 잘됐으면 좋겠는데요.

형준 아빠   그렇죠.

3
투쟁과 공동체 활동

면담자   오늘은 4·16 이후 지난 2년 11개월간 가족들의 투쟁 및 공동체 활동 경험에 대해서 여쭤볼 예정이에요. 보다 정확한 증언 수집을 위해서 구술팀에서 그간 진행해 오신 활동을 큰 사건을 중심으로 시기별로 정리를 해봤습니다. 우선 그 활동에 참여하셨는지 확인해 주시면 먼저 체크를 하고 그다음에 체크된 활동을 중심으로 여쭤보도록 하겠습니다. 먼저 2014년에 5월 8, 9일 KBS 항의 방문 및 청와대를 향한 도보 시위.

형준 아빠   안 했어요.

면담자   네. 5월 27, 28일 국정조사 요구하며 국회에서 2박 3일 농성.

형준 아빠   했어요.

면담자   6월부터 특별법 제정 1000만 서명운동, 거리서명도 있었고 전국버스 투어도.

형준 아빠   했습니다.

면담자   7월 12일부터 특별법 제정 촉구 국회 농성, 이게 119일간.

형준 아빠   했습니다.

면담자   7월 15일 350만 명 서명지를 들고 국회청원에 청원하러 가셨던 것.

형준 아빠   했습니다.

면담자   7월 23, 24일 특별법 제정을 촉구하며 안산, 광화문 도보 행진과 참사 100일 집회.

형준 아빠   했어요.

면담자   8월 15일 특별법 제정촉구 범국민대회, 이때 그 프란체스코 교황 오셨을 때죠.

형준 아빠   했습니다.

면담자   8월 22일부터 청운동 주민센터 농성, 76일간.

형준 아빠   했습니다.

면담자   그러면 2015년 여쭤보겠습니다. 1월 26일, 2월 14일, 안산에서 팽목항까지 19박 20일 도보 행진.

형준 아빠   그건 집사람이 했어요.

면담자   그럼 이거는 어머님 구술하실 때 여쭤보는 걸로 하겠습니다. 4월 4일 1, 2차 삭발식 이후 1박 2일 아이들 영정 사진 들고 광화문까지 도보 행진.

형준 아빠   도보는 했는데 삭발은 안 했어요.

면담자 4월 6일 세종시 해수부 항의 방문.

형준 아빠 했어요.

면담자 네. 4월 16일 1주기에 시행령 폐기를 요구하며 광화문 연좌 농성.

형준 아빠 했습니다.

면담자 네. 4월 18일 시행령 폐기 집회, 이때 시민 100여 명이 연행됐었죠.

형준 아빠 했어요.

면담자 5월 1일 시행령 폐기집회.

형준 아빠 했습니다.

면담자 9월부터 동거차도 감시단 활동하셨죠?

형준 아빠 했어요.

면담자 10월부터 단원고 교실 존치를 위한 교육청 피케팅.

형준 아빠 그건 제가 안 했습니다.

면담자 11월 14일 민중총궐기대회.

형준 아빠 했습니다.

면담자 네. 그럼 이제 2016년 여쭤보겠습니다. 1월 10일 겨울방학식, 기억과 약속의 길 행사.

형준 아빠	했어요.
면담자	4월 16일 참사 2주기 기억식 및 범국민 촛불문화제.
형준 아빠	했어요.
면담자	5월 9일 희생 학생 제적처리 원상복구를 위한 농성, 15일간.
형준 아빠	했습니다.
면담자	8월 6일 4·16기억교실 기록물 정리.
형준 아빠	그건 집사람이 했어요.
면담자	아 네. 물론 이 이외에도 많은 일들이 있는데 저희가 정리한 건 여기까지고요. 그리고 2014년부터 간담회 많이 다니셨잖아요, 간담회는?
형준 아빠	네, 네.
면담자	그리고 매주 금요일 안산시 선부동, 중앙동, 상록수역에서 있었던 시민 선전전에는 혹시 나가셨나요?
형준 아빠	몇 번 나갔어요.
면담자	그리고 2014년부터 광주법원 등 재판 과정에 참관하셨는지요?
형준 아빠	네.

면담자   하셨어요? 네. 2015, 16년 특조위 청문회 참관.

형준 아빠   했습니다.

면담자   그리고 해외 지역도 많이 나가셨었는데 아무래도 일이 있으셔서.

형준 아빠   해외 지역?

면담자   네. 미국, 유럽.

형준 아빠   거긴 안 갔어요.

면담자   네네. 이제 지금까지 열거한 활동들을 하나씩 짚어가면서 아버님께서 어떠한 경험을 하셨는지 좀 자세히 여쭤보겠습니다.

4
2박 3일 국회에서의 농성

면담자   2014년에 5월 27일에서 28일, 국정조사 요구하면서 국회에서 2박 3일 농성하셨잖아요? (형준 아빠 : 네) 그때 참여를 결정하는 데 영향을 미친 요인이 있으시다면 말씀 부탁드리겠습니다.

형준 아빠   뭐, 참여를 결정하는 요인이 아니고 당연히 우리가 알아야 될 일들을 [알기 위해서] 그때 처음에 그 국정조사 때문에 처음에 간 거니까. 갔을 때 가가지고 처음에는 대강당[국회의원회관

대회의실]으로 전부 다 들어갔었죠. 들어가 가지고 그때 여당과 야당이 합의가 안 된 상태여 가지고 "우리는 끝까지 기다리겠다" 그래서 거기서 자기네들이 그러면 "12시까지 답을 주겠다" 그래서 우리는 그냥 거기서 계속 기다렸고 그리고 나서 나중에 이완구는 도망가고. 그래서 1박 2일 동안, 아니 2박 3일인가?

면담자   2박 3일간.

형준 아빠   저는 1박 2일 동안 하고 그다음 날 내려왔지만 거기서 그 자리에서 밤을 샜죠. 거기서 자는 사람도 있고 진짜 그때서부터 풍천노숙이 시작되는 시점이었죠. 거기서 그날 국회 회의실, 대회의실 바닥에서 쪼그려서 잠자는 사람들도 있었고 그러면서 우리의 풍천노숙이 그때서부터 시작이 된 거 같아요. 그러면서 내가 다른 거는 다 모르고 내가 느낀 게 딱 한마디로 그랬어요. '팽목에서는…(눈물을 닦으며) 정부가 우리를 버렸고, 국회에서는 국회의원들이 우리를 버리는구나. 우리가 믿을 것은 어디냐, 이제는 국민밖에 없구나'. 그래서 그 이야기를 우리가 [집행위원장이 이제] 그때 집행위원장은 아니지만, 유경근 씨하고 그런 이야기를 밤 한 새벽 2시인가 3시에 그런 이야기를 쭉 주고받았어요. 그다음 날 우리 유경근 씨가 그 말을 그대로 써먹더라구요. 뭐 똑같은 전부 다 가족들의 마음은 다 똑같죠, 그게. 그랬어요, 그랬는데.

　　　물론 참 그 좋은 일화가 하나 있는데, 우리가 거기서[회의실에서] 있고 그다음 날 의원회관에 있는데 청소부 아주머니가 와서 이야기해 주더라구요. "힘내시라"고, 그리고 그냥 "주저앉으래요", 청소부 아줌마들이. 그 사람들은 의원회관에서 많은 일들을 봐왔잖아요. "주저앉아서 무조건 농성하라"고 하더라구요. 그러니까 청소부 아줌마도 아는 그런 거를 국회의원들은 모르고 있잖아요. 국민의 마음을 청소부 아줌마는 알아도 국회의원들은.

아까도 처음에 시작하기 전에도 이야기했지만 자기들은 개개인으로는 전부 다 우리를 이해해 주고 측은해[측은하게 여겨]주고 마음 아파하고 다 하잖아요? 개개인들은. 그게 정작 당으로 이렇게 묶여버리면은 그게 안 돼버리니까, 그때서부터 물론 그 전에서부터 그랬지만 그때서부터 이 정치권에 대한 회의가 느껴지기 시작하고 불신이 느껴지기 시작하고. 그게 물론 여지껏 살아오면서 그런 것도 많았지만 당장 이번에는 내가 닥친 일이고 내 일이다 보니까 그걸 부딪치다 보니까 '아, 내 몸속에 너무 많이 와닿는구나' 그런 걸 느꼈죠.

면담자 좋았던 일도 말씀해 주셨는데 물론 거기 있는 거 자체가 너무 힘들고 그러셨지만 혹시 좀 더 가슴 아프게 했던 일이라든가 그런 게 있으셨으면 말씀해 주세요.

형준 아빠 여담으로서 초에 거기서 어쨌든 가족들이 그 당시에 한참 몸과 마음이 다 지쳐 있을 때 아니에요? 지쳐 있을 땐데 거기서 저거[농성] 하면서 그 의자와 의자 사이에 드러누워서 잠을 청하는 사람들, 아니면 강당 옆에 밑에다가 이렇게 자리 잡고 가져온

모포 하나 덮어가지고 세 명씩, 네 명씩 같이 저거 하는[모여 있는] 사람들. 참 그게 과연 이게 무엇인가, 우리가 왜 이렇게 하고 있어야 되느냐…. 그러면서 여야 원내대표들은 회의한다고 해가지고 거기[회의실을] 다 지키고 있으면, 회의하다가 여당 원내대표들하고 [은] 회의하다가 전부 다 사라져버리고 그 국회의원들 찾으러 다닌다고 왔다 갔다 하고. 참 그게 뭐 하는 짓이었는지 도대체 모르겠어요, 우리가 뽑아준 국회의원들인데.

면담자   그러니까요.

5
특별법 제정 1000만 서명운동

면담자   그러면 6월부터 특별법 제정 1000만 서명운동 해서 거리서명도 받고 전국 버스 투어에 참여하기로 결정한 계기가 있으신가요?

형준 아빠   그때부터는 6월부터 시작했던 게 아니고 5월부터 처음에 그 시작을 했었죠. 처음에 우리 4반에, 4반 엄마들끼리 처음에 주축을 해[주축이 돼]가지고 그때 "특별법이라도 만들자" 그래 가지고 처음에는 거리서명이 아니라 분향소에서 서명을 시작했었죠. 분향소에서부터 "우리 이 많은 사람들 오는데 서명이라도 받자" 그래서 서명지를, 처음에 분향소에서부터 서명을 시작했었죠. 시작을 하다가 우리가, 아까도 이야기했지만 "믿을 사람은 국민밖에 없다, [우리는] 이 특별법 하나면 뭔가가 다 이루어진다, 우리가 힘들지만은 나서보자" 그래서 그 당시에 국회 의원회관에서 2박 3일 할 때도 거기서 낮에는 서명받으러.

면담자   의원실마다 돌아다니셨다고.

형준 아빠   아니. 의원실마다 돌아다닌 건 돌아다닌 거고 거기서 밖으로 나가가지고도 서명도 받고 그러면서 쉽게 이야기해서 1000만 서명운동이 시작이 된 거죠. 처음에 저기[함께] 하다가 "우리 반별로 해가지고 나가자" 그래 가지고 제가 처음 나간 게 그때 부천, 부천역으로 나갔었죠. 부천역으로 나가가지고 저희 반, 저희 집사람하고 저희 반 엄마들하고 아빠들하고 해가지고 한 팀 이뤄가지고 부천역에 갔었는데 처음에는 그날 EBS에서 인터뷰가 요청이 있다고 그래 가지고 나한테 부탁을 하더라구요. 그래 가지고 그러냐고 그러면…. 그래서 그때 부천에 [그 같은] 단체들하고 서명전을 시작하면서 제가 부천역 앞에 1층에 있었고 한 팀은 지하로 내려보내고 한 팀은 저 밑에 부천역 지하분수가 저 끝에 있더라구요.

그래서 세 군데로 해가지고 거기서 서명을 받는데, 처음에는 힘들었죠, 서명을 받는다는 거 자체가. 우리가, 그 가족들이 나서가지고 처음에 이런 일을 당하기 전에는 어디 가가지고 서명하자고 이런 것들, 남들이 서명을 해달라고 그래도 잘 안 해주고 했던 그런 사람들인데 그거를 거기서 외쳐가면서 서명을 한[받는]다는 게 참 힘들었는데, 그래도 당장 내 일이다 보니까 지나가는 사람들 붙잡고. 우리는…(눈물을 닦으며) 처음엔 그랬어요, 그냥 전부 다. 사람들 붙잡고… 호소하는 거죠. "아이들의 엄마, 아빠다… 우리는 특별법 제정하기 위해서 서명을 받고 있는데 많이 서명 좀 해달라"고… 그렇게 해서 그때서부터 서명전이 시작이 됐죠. 이 서명만 해도 이렇게 이야기를 하려면 오늘 하루 종일 해도.

면담자　　　다 해주세요, 아버님.

형준 아빠　　아니. 다 너무 많은 일이… 일단 그래서 시작을 했고 그다음에 뭐지? 내가 생각나는 생각들을 다 이야기해야 돼요?

면담자　　　네. 아버님 경험하셨던 걸 다 말씀해 주세요. 왜냐하면 이게 증언이다 보니까, 기록으로 남기는 거니까 생각나시는 건 다.

형준 아빠　　그리고 그다음에는 노원으로 갔었죠. 노원으로 가가지고 노원에서 정토회 회원들하고 했습니다. 그 정토회 회원들이 진짜 열심히 해주더라고요. 그래서 노원에 해가지고, 그다음에 서서히 서울 지역하고 경기 지역 하다가 그다음부터는 지방으로 뛰기 시작했었죠. 그 당시에 우리 반 반 대표가… 처음에는 정무 아빠가 했을 때인데 정무 아빠가 뽑기를 하면은 이상하게 우리는 저 밑에 지방만 걸리는 거예요.

면담자　　　아, 반별로 뽑기를 하시는데.

형준 아빠　　네. 한 번은 양산, 그다음에 뽑은 건 부산, 다 그쪽으로. 그다음에 나중에 우리 버스 투어 할 때는 울산. 저번에 성호 아빠하고도 이거 했다고 했지만 성호 아빠하고 처음 청량리역에 한번 저걸[서명전을] 갔었는데… 그때 참 우리 성호 아빠의 목소리가 거기서는 너무 절절했고… 그때는 서명을 받아야 되는데 서명을 못 받고 다 가족들하고 손 붙잡고 울고 있고 그런 기억이 또 있죠. 다 똑같은 마음이었는데 성호 아빠의 그 한마디 "우리 아이들이 왜 죽었는지, 그 이유만 알려달라"는 그 한마디에…(눈물을 닦으며) 그러면서 많은 서명이 있었죠.

이제 부산은, 그땐 우리 어머니도 우리 집이 부산이니까, 내가 부산에 가서도 집에도 못 들러보고 부산에서도… 서명을 시작했고. 그러다가 우리 가족들이 어떻게 보면 자기 일이다 보니까 서명지 들고 나가면은 보통 한 3시간에서 4시간 정도 이렇게 하는데… 같이 오신 분들은 시간 되면 그냥 접자고 하면 가족들은 그 하나라도 더 받으려고 그러면서 가족들 간의 어떻게 보면 물론 저기[다들 열심히] 했지만은 이제 갔다 와서 집계를 하잖아요. 그러면 남들한테 지기 싫고 하나라도 더 받아오려고 그러고. 보통 그때 나가면 서명 뭐 만 명씩, 2만 명씩 받아오고 그랬으니까, 최다. 가족들이 참 고생을 많이 했어요, 보면. 고생을 많이….

그러다가 본격적인 전국 투어를 시작하자 해가지고 그때도 저희가 뽑힌 게 울산, 울산하고 그때는 경주하고. 울산, 경주 두 군데를 갔는데 전국투어를 해가지고 갔었는데 거기도 참여를 했었죠. 울산에서 도착을 해가지고, 5반하고[한테] 인계를 받았죠. 울산 롯

데백화점 앞에 하고 시장하고 몇 군데에서 서명을 하면서.

그리고 나서 울산 현대자동차에 가가지고 일단 그 간담회를 하고 거기서 노조 간부들하고 간담회를 하면서 울산 현대자동차 노조위원장도 "적극적으로 도와주겠다"고 이야기를 했었고. 그래서 거기선 점심시간에 구내식당에 전부 다 가가지고. 그러니까 보면 이 서명을 해주는 것도 이렇게 보면 좀 약자들이 많이 하는 거 같더라고요, 약자들이 많이 하고.

그리고 그 당시에는 또 워낙 이 사건이 너무 큰 사건이었으니까, 어떻게 둘러보면 가장 힘들어해야 할 사람들이 거리에 나와가지고 전국을 돌아다니면서 피켓을 들고 소리를 쳐가면서 그게 뭐겠어요? 그냥 큰 것도 없었어, 우리는. 워낙에 사람들이 다 큰 것도 없었어, 우리는. 다 이야기하면서 진짜 참 욕도 많이 먹었죠. 지나가면서 "교통사고 난, 수학여행 가다가 교통사고 난 걸로 뭘 진상규명을 해야 되냐?" 근데도 우리는 단 한 가지 그냥… "아이들이 왜 죽었는지" 그렇게 이야기하면 다 그러잖아요. "왜 죽었기는 그냥 배 사고 나서 죽었다"고 이야기를 해요. "그럼 배는 사고가 왜 났는지, 아니면은 충분히 구할 수 있었는데 왜 안 구했는지 그 사건과 사실만 알려달라".

우리는 그때까지는 책임자 처벌이니 뭐니 아무것도 바라지 않고 "아이들의 죽은 이유만큼은 알아야 될 거 아니냐. 교통사고가 나도 와가지고 사고 처리를 하면서 다 하는데, 그러면 쉽게 이야기해서 해상 교통사고라고 이야기를 하는데 그럼 해상 교통사고에 대한 진상 처리는 해야 될 거 아니냐, 진상 조사는 해야 되지 않느냐?" 그렇게 하면서 그 뒤로도 갔다 와서도 여기저기 가고 하여튼 많이 다녔죠. 왜 그렇게 했냐면 그 당시에 집계를 하면은 우리가 국회에 올라갈 때가 그때가 오백몇 만인가 그래 가지고 그걸 들고 올라갔을 거예요, 그렇죠?

면담자   국회에 가져갔을 때는 350만 명 걸 들고 가셨고 그 후에도 계속 받으셔서, 근데 그때 포장된 게 아마.

형준 아빠   근데 그 포장도 전부 다 맨날 앉아가지고 우리 같이 하고 그랬는데. 어쨌든 그 1000만 서명을 하자 그랬던 역사상, 우리나라 역사상 이렇게 많은 이렇게 단시간에 이렇게 많은 걸 한 적이 없었고. 우리도 그렇기 때문에 고생을 많이 하고 노력을 많이 했어요. 그러고 나서 국회에 올라갔죠, 그걸 들고?

면담자   아버님 국회 가시기 전에 서명 활동 중에 특별히 기억나는 일화라든가.

형준 아빠   기억나는 일화요?

면담자   아까도 말씀해 주셨지만 사람들이 너무 못되게 굴어서 슬픈 일이 더 많으셨겠지만 그래도 좋았던 기억이라든가 이런 게 있으시면 여쭤볼게요.

형준 아빠   좀 힘들었던 게 현대자동차인가 하여튼 거기 들어가서 저거를[서명을] 하는데 그날 비가 좀 왔어요. 비가 와가지고 안에서 이렇게 서명을 하면서 문이, 문이 이렇게 출입문 쪽에[서] 했고 안쪽에[서] 하고 해가지고 서명대를 맞추고 서명을 받고 있는데, 비는 오는데 밖에서 음악을 계속 틀어주는 거예요. 음악이 그때 그…(눈물을 닦으며) '천개의 바람이 되어' 그 노래가 계속 나오고….

그때 우리 4반에서는 특별하게 우리 아이들 전부 다 사진을 해가지고 피켓을 만들어가지고 갔었어요. 나는 안에서 현수막을 들고 있는데 밖에서 전부 다가 울더라구요, 엄마들이 울더라구요. 그래서 왜 그런가 하고 가서 봤더니 양쪽에서 피켓을 들고 있잖아요, 아이들 사진을…(눈물을 닦음). 그래서 서로, 엄마들이 양쪽에서 들고 있으니까 마주 보이잖아요. 보이면 아이들의 사진이…(눈물을 닦으며) 오늘은 별로 안 힘들 줄 알았는데.

면담자　　죄송합니다.

형준 아빠　　아니, 지나간 걸 자꾸 떠올리다 보니까 더 힘드네요…. 그중에서는 최고 떠오르는 게 우리 서명을 받으러 다니면서 첫째 떠오르는 게 그게 참 최고 떠오르죠, 엄마들이 진짜. 그냥 쭉 서서 할 때까지는 몰랐는데 비는 오죠, 노래는 울렸지, 아이들 사진이 양쪽서 마주 보고…(눈물을 닦음). 그거를 하고 다닐 때는 그래도 강하게 마음을 먹고 다니는데 그래도 그게 잘 안 되나 보더라고….

면담자　　좀 쉬었다 하실까요?

형준 아빠　　아니요.

6
특별법 제정 촉구 국회농성

면담자   국회 청원하러 가시기 전에 7월 12일부터 특별법 제정 촉구 국회농성 119일간 하셨잖아요? (형준 아빠 : 네) 그때 상황에 대해 말씀해 주시면 감사하겠습니다. 국회에서 농성하셨을 때 어떤 내용의 일들이 있었는지, 특별히 기억나는 일이나 화가 나는 일이 있으셨다든가, 아니면 좋았던 일이 있었다든가 하는 거요.

형준 아빠   거기서 좋은 일이 뭐 있겠습니까?

면담자   네, 그렇죠.

형준 아빠   처음에 국회 농성이 시작된 게, 우리가 다 그렇지만 농성을 하려고 한 건 아니잖아요. 국회에 청원하러 갔었죠, 국회 청원하러. 그때 그 어떤 일인지 확실하게 기억이….

면담자   특별법 제정 촉구.

형준 아빠   네, 특별법 제정 촉구를 위해서.

면담자   네. 서명운동도 하시지만 국회에서 그걸 안 하니까 제정을 촉구하러 가셨죠.

형준 아빠   네, 제정을 촉구한다고 국회에 갔다가 그냥… 국회의 본관 앞에 다 주저앉았죠. 주저앉아 가지고 그때서부터의, 며칠 했다구요?

면담자   119일간, 네 달 정도.

형준 아빠   참, 119일간(한숨). 누구 말대로 항상, 옆에서 하는 말대로 여기서 주저앉는 사람들은 우리 가족들이 최초라고 그러더라구요, 국회 거기[본관] 앞에서. 농성도 그렇고 거기서 [농성하는 것은] 최초라고 그러고 거기서 주저앉았죠. 특별법을. 그 앞에서부터 거기서부터 또 피케팅하기 시작하면서 국회의원들 왔다 갔다 하고 그랬지. 처음에는 그 앞에서만 피켓을 들면 되는 줄 알았어요. 피켓을 했었죠, 그냥. 그러면 그 앞에서 왔다 갔다 하더라고.

그러고 나서 그날 오후부터인가 다음 날부터인가 해가지고 여당의원들이 안 보이는 거예요. 야당 의원들은 오고 계속 아침마다 지나가고 왔다 갔다 하니까 우리[랑] 인사도 하고 그러는데 여당의원들이 안 보이는 거예요. 그랬더니 "여당 의원들은 밑에 통로가 또 있다"고 하더라구요, 들어가는 데가. 그러냐고 그래 또 거기로 쫓아갔죠. 쫓아가서 거기 또 그 앞에서 피케팅을 하고.

물론 국회 안에서 그렇게 한 거는 우리가 최초였고 또 아무도 못 하게 했지만은 우리는 그때 그 정의화 의장도 우리를 위해서 많이 힘써줬다고 그렇게 이야기를 하고. 우리도 우리는 너무 절실했으니까, 다른 사람이 보기에는 몰라도 우리 자신들한테는. 어쨌든 몸의 일부가 일단 떨어져 나간 거 아니에요? (면담자 : 그렇죠) 너무 절실하다 보니까 '누가 어떻게 하든 간에 우리는 해야 되겠다'고 생각을 했었고.

그래 가지고 그때 내가 그 당시에 원래 사회활동[사회운동] 했던 사람들, 그 사람들 하고 이야기를 많이 해봤어요. 물어봤어요, "도대체 우리가 어떻게 했으면, 하면 되냐?"고. 그 사람들이 그런 이야기를 하더라구요. "하고 싶은 대로 하시라"고 "그냥 하고 싶은 대로 하시고 자기들은 하는데 뒤에서 서포트[지원]만 해주겠다"고. 그러니까 자기들이 인도를 하는 게 아니고 우리가 하라는, 우리가 하고 싶은 대로 다 하래요. 그럼 자기들이 뒤에서 서포트를 해주겠다고.

그러니까 현재까지도 이렇게 지나온 걸 쭉 쳐다보면은 그게 맞았어요. 그 사람들의 여지껏[의] 투쟁 방식 그런 걸 떠나서 우리는 우리가 하고 싶은 거, 물론 어느 정도의 이런 걸 했으면 좋겠다 안 좋겠다 이렇게 이야기를 하잖아요. 근데 우리는 우리가 결정을 다 했거든요. 그게 쉽게 이야기해서 전부 다 부모들이 하는 이야기가 가슴에 뭐라도 내가 여한이 안 남게끔 남들 하는데 '왜 내가 이걸 못 했을까, 이런 걸 안 했을까?' 이런 여한이 안 남도록 부모들이 하고 싶은 대로 다 하시라고 그러더라고요.

그래 부모 마음은 그래요. 그때 최고 많이 부모들이 이야기한 게 나중에 우리 아이들을 만났을 때… 그래도 많이는 못 했지만 어느 정도 "내가 너희들을 위해서 이렇게 했다". 어떻게 보면 그래요. 말은 그렇지만 내 가슴에 후회를 안 남기기 위해서 그래서 모든 걸, 모든 활동들을 그렇게 한 거 같아요. 어디 이야기하다가 이렇게 빠졌죠?

면담자   국회에서 농성하실 때 사회운동가들이랑 많이 말씀 나눠보셨다고.

형준 아빠   사회운동 하는 사람들도 다 그런 이야기를 했었고 국회의원들도 와가지고 같이 좌담회도 하고 그러면서….

면담자   그러면 좀 더 특별하게 기억나는, 이때가 혹시 박근혜인가 누가 쳐다보지도 않고 지나갔던 그때였나요?

형준 아빠   그거는 한참 후죠.

면담자   그거는 후인가요?

형준 아빠   네. 박근혜가 쳐다보지도 않고 갔을 때는 2015년인가? 아니, 아무튼 신년기자회견인가 하여튼 뭔가 할 때 그때부터 한참, 거의 한참 후.

면담자   거의 1년이나 지난 후였군요.

형준 아빠   네. 그러니까 국회 농성할 때 거의 마지막.

면담자   아, 그 119일 중에 마지막 될 때쯤.

형준 아빠   그 마지막 주쯤인가, 그때쯤인데. 하여튼 그 정도 됐을 거예요, 박근혜가 지나갔을 때는.

면담자   국회 농성하시면서 기억나는 장면이라든가 화가 너무 났던 그런 일들이 있으시면 계속 말씀해 주세요.

형준 아빠   제헌절 사건 아세요?

면담자   아니요.

형준 아빠   〈나쁜 나라〉 보셨어요?

면담자   아직 못 봤어요. 죄송합니다.

형준 아빠   네. 그 〈나쁜 나라〉에서 보면은, 그때가 며칠이야?

면담자   이게 12일부터 해서 119일이니까.

형준 아빠   아니. 2014년도죠? (면담자 : 네네) 2014년 제헌절 행사를 하기로 했어요. 국회에서 항상 하는 제헌절 행사. 그 제헌절 행사를 하기 바로 전에 거기에서 '열린 음악회'를 한다고 그랬어요. '열린 음악회'를 한다고 그랬는데 우리가 국회 농성을 할 때가, 지금 딱 보면은 그… 그 국회에다가 저거를[서명지] 갖다주고.

면담자   네네, 서명지를 가져간 게 15일이니까.

형준 아빠   서명지를 갖다주고 아마 그때 그다음 날인가 하여튼 주저앉았을 거예요, 우리가. 그래서 제헌절 행사를 한다고, 제헌절 행사를 하기 위해서 바로 그 전주에 '열린 음악회'를 한다고 그 무대를 다 만들고 있었어요. 우리가 그 국회 저거 갖다줄 때 그때도 그 무대가 있었거든요. 그러니까 지금 생각해 보면 그 무대를 만들고 있었거든요.

    그런데 우리가 그다음 날인가 다음다음 날인가 국회를 가서 주저앉았단 말이에요. 그래서 그때서부터 농성을 시작을 했[죠], 그날 밤인가? 제가 확실하게 모르겠는데 아마 그날 밤 같은데, 우리가 국회에다 저거[서명지] 갖다줬잖아요? 서명지 갖다주고 그다음에 광화문에서 행사를 하면서 일부가 빠져나가 가지고 국회를[에] 가 가지고 국회에서 그때 누구 만나기로 해서 국회를 갔다가 거기서 부터 그냥 주저앉아 버렸죠. 그리고 그다음 날부터는 우리가 국회를 출근을 했었죠, 쉽게 이야기해서. 아침부터 [해가지고] 전부 다 올라가 가지고, 아마 그랬을 거예요. 한번 찾아보면은, 내 기억으로는.

하여튼 '열린 음악회'를 한다고 하는데 우리가 그때 전부 다 위에 앉아 있었잖아요. 앉아 있으면서 엄마, 아빠들이 낮에 시간이 무료하니까 그때서부터 그 종이접기를 했죠. 종이접기를 해가지고 국회 온 마당에 노란 걸로 전부 다. 그때 그 사진보면 전부 다 나와 있는데 노란 배 접어가지고, 그거는 이제 아시죠? 사진전 봐가지고. 그렇게 하고 있다가 또 일부는 거기서 그거 하면서 일부는 서명받으러 다니고, 또 일부는 그 앞에 시간마다 피켓 들고 국회 한 바퀴씩 안에서 돌고 그러면서 그때부터 단식이 시작됐죠.

면담자   네, 그렇죠. 단식 시작하셨을 때.

형준 아빠   네. 국회에서 있으면서 거기서 해가지고 단식이 시 작됐고요.

면담자   그게 아마 서명지를 갖다줬는데도 국회에서 "이거는 참고만 하겠다. 가져가라, 보관할 데가 없다" 이런 식으로 (형준 아 빠 : 그렇죠) 나와서 단식을.

형준 아빠   보관할 데가 없으니 다시 가져가라고 했으니까.

면담자　　　　그래서 단식을 시작하셨던 거.

형준 아빠　　　그러니까 아까 자꾸 이야기가 그러는데, 일단 그 국회에서 제헌절 사건이죠. '열린 음악회'가 우리 때문에 취소가 됐어요, 그때. 왜냐하면 우리는 국회 거기서 분산해서 전부 다 농성을 하고 있었고 '열린 음악회'에서 그걸 하다 도저히 안 되겠다 해서 취소를 했는데, 제헌절 날 제헌절 행사를 하는 거예요. 일부 밑에서 그걸 하고 있더라고. 그런데 참… 자식 잃은 부모들은 저기 강당에서 저기 본관 앞에서 농성을 하고 있는데 밑에서 노래 부르고 깽깽거리고 어쩌고 하면서 저걸 하고 있더라구요, 제헌절 행사를.

그래서 이제 우리가 갔죠. 가가지고 행사하는 그 옆에서 쭉 전부 다 그 피켓을 들고 있었어요. 그랬더니 이제 옆에서 막 저지하고 그러더라구요. 근데 너무 싫었던 게 물론 우리만의 생각인지 몰라도 너무 슬프잖아요, 너무 아프고. 거기서 흥겨운 그 음악이 흘러나오고 노래가 흘러나오는데 그게 너무 힘들더라구요. 그래서 거기서 충돌이 일어났죠. 충돌이 일어나 가지고 그 행사는 하다가 중단되고, 엄마, 아빠들이 처음에 그 주위에서 피켓만 들고 있다가 노래 부르고 음악 흘러나오는 게 너무 힘드니까 그때서부터 소리치기 시작했죠.

아무리 국가의 행사고 제헌절 행사라지만 다른 데서 할 수도 있었잖아요. 가족들 쭉 있는데 거기서 그 앞에서 그런 행사를 한다는 게, 말로는 우리를 위해서 전부 다 힘들어하고 추모하고 같이 아파하고 같이 울어준다는 사람들이 거기서 노래를 부르고 한다는 게 우리로서는 너무 힘들었기 때문에. 거기서 좀 충돌이 있었죠, 그 제헌절 행사하는데. 그리고 우리, EBS 기자들이 프로그램을 찍는다고, 좀 아세요?

면담자   EBS에서 세월호 관련해서 (형준 아빠 : 네) 얼마 전에도 했고 이번에는 생존한 아이들에 대해서도 했었던, 시리즈로.

형준 아빠   네, 시리즈로 그전에 했는데. 걔들이 우리가 보면 1년 동안을 거의 같이 다녔어요. 같이 다녔는데 우리 그 인 피디(PD)라고 있어요. 인 피디가… 참 보면 잊어버리지도 않아. 가족들이 울고 제헌절 날 그때 그걸 하면서… 그 피디가 카메라로 우리 그걸 다 찍고 있었으니까, 피디가 찍으면서 피디가 울고 있어요(눈물을 닦음). 국회에서 농성 중에서 최고 그거 했을[힘들었을] 때가… 그때였죠, 최고 힘들었을 때가, 제헌절 행사 때.

하루는 명절인데 명절날인데 국회에서 또 노숙을 하고 있었죠. 그런데 저녁에 그 당시 민주당의 김현 의원이 이것저것 싸왔더라구요. 싸와 가지고 "아버님 일로 와서" 쉽게 이야기해서 밤에 술이라고는 이야기 안 하고 "음료수 한잔하세요" 그러더라고 그래 가지고 모여가지고, 그렇게 해주신 분들도 있었고. 명절날 밤에 아이들하고 가족들하고 지내야 될 그날에 국회 창틀 위에서 가족들끼리 모여 앉아가지고 술 한잔에….

항상 그래요. 뭐 110 며칠이라던가, 뭐 며칠이라던[지] 그냥 가족들이 할 수 있는 거, 기다린다는 거. 팽목항에서부터 처음 진도에서부터 진도체육관에서부터 "기다려라, 금방 소식 주겠다" 그러면 진도체육관에서도 4시간, 5시간 뭐 하루 이틀. 우리 국회에서 농성 110 며칠 한 것도 우리가 요구한 것을 안 들어주니까. 그러고는 "기다려라" 그리고 항상 자기들끼리 그 안에서 싸우고 있고. 우리가 117일 동안을 국회에서 농성을 했지만은 그게 들어줘 가지고 우리가 끝난 것도 아니고. 국회 농성을 하면서 그 시기에 단식도 있었고 청운동도 있었고 그러면서 단식을 시작하면서 국회하고 광화문하고 간 거 아니에요. 그때 그러면서 광화문에 처음으로 가족들이 거기 단식으로 자리를 잡고.

면담자   아버님, 7월 15일 서명지 들고 가셨을 때 국회에서 받아줄 데 없다고 가져가라고 했던 일이나 특별하게 기억나는 일이 있으시면 자세하게 말씀 부탁드릴게요.

형준 아빠   그날이 며칠이죠?

면담자   15일이요, 7월 15일입니다. 시민들도 같이 포장하는 거 돕고 이러면서.

형준 아빠   그러니까 그때 우리가 처음에 일단 1000만 서명을 받기 위해서 했지만 350만으로 우리가 분향소에서 전부 다 같이 카운팅을 해가지고 그때 박스에다 다 담아가지고 그날 여의도공원에서 만났죠. 여의도공원에서 전부 다 만나가지고 거기서 그거를 들고 거리 행진을 시작했죠, 여의도공원에서 국회까지. 그래서 그때 원래 국회에 가족들만 들어가기로 되어 있었거든요. 가족들만 들어갈 수 있는데 그때 시민들이 많이 너무 많은 분들이 오셔가지고 거기 들어갈 인원을 어떻게 들어가느냐 그래 가지고 가족 중간 중간, 가족들이 양옆으로 서고 중간에 시민들이 이렇게 해가지고 박스들을 들고. 하여튼 국회를 들어갔죠.

국회를 들어가 가지고 국회에서 그 앞에다 다 쌓아놨었잖아요? 다 쌓아놓고 그때 협의회 대표들이 국회의장실로 방문을 했을 때 우리는 다 줄려고 그랬죠. 줄려고 그랬는데 "받은 걸로 하겠다". 그 서명지라는 게 그 사람들한테는 단순한 종이의 그거겠지만 우리가 생각하는 서명지는 '국민의 명령'이라고 생각을 했거든요. 그러고 국민이, 350만의 국민이 서명을 해가지고 국민의 명령으로 주는 걸 그걸 거기다 다 놓고 "다시 가져가시라" 그렇게 했을 때, 거기서 너무 많은 걸 너무 많은 허탈감을 느꼈던 게 '내가 그렇게 힘들게 서명을 해가지고 국민의 350만 서명지를 들고 들어가는데도 이게 아무것도 아니었구나'.

우리는 그 서명을 받으러 전국을 돌아다니면서 서명을 받았을 때는 "이거 하나면 뭔가가 이루어지겠다" 우리는 분명히 이야기를 했었고 마음속으로 다짐을 했었단 말이에요. "이거면 우리는 뭔가가 이루어진다" 그랬는데 그게 그 당시에 한낱 종이쪼가리밖에 안 된다는 그런 사실로 느껴졌을 때는… 너무 허무하고 우리가 한 결과에 대해서, 우리가 한 결과가 이거밖에 안 되느냐. 그 사람들 눈에는 그냥 일반적인 서명지에 그냥 저거밖에 안 되지만 우리는 그거를 온갖 전 국민을 만나고 울고불고, 어쩔 때는 진짜 싸우고 어쩔 때는 진짜 별소리를 다 들어가면서 그러면서. 그리고 우리 가족들만 한 게 아니고 전 국민들이 같이 이렇게 동참을 해가지고 그래서 받아온 거 아니에요. 그 서명지 그 자체가. 그 사람들 눈에는 "그냥 놓고 가세요" 그럴 수 있는 물건들이 아니었거든요.

아마 그래서인지 그다음 날인가 해서 우리가 국회에 저걸[기자회견을] 했을 거야. 처음에 가서 전부 다 국회에, 그 시민단체들하고 시민들하고 그 사람들 항상 이야기하는 게 자기들이 여지껏 운동을, 사회운동을 하는 사람들도 여기 와서 국회 그 앞에 와가지고 본관 앞에서 기자회견하고 그게 처음이었대. "처음 그렇게 들어와가지고, 처음으로 그런 거를 해봤다" 이거야. 그러고 항상 이야기하면은 우리는 세월호 가족들이 모든 걸 처음, 처음 한 게 뭐든 엄청 많아요. 그만큼 많이 했었고.

왜냐하면 어떻게 보면 힘든 것보다는 가족 잃은, 자식 잃은 부모다 보니까. 그래서 허탈감이 난 진짜 이루 말 할 수가 없었죠. 그 350만을, 우리는 진짜 뿌듯하게 해가지고 350만을, 전 국민 350만의 국민의 명령이었잖아요. 그 명령을 들고 우리는 국회에 갔었고. 그 당시만 해도 처음에 생각했을 때는 서명지라는 게 국민의 명령이고 국민이 서명을 한 거니까 우리는 이게 350만의 진짜 힘을 발휘하고 가는 줄 알고 우리는 들어갈 때까지만 해도 진짜 당당하게 들고 갔어요. 그렇게 당당하게 들고 가가지고 꿈이 깨어졌을 때 너무 허탈감이 있고… 그렇다고 끝나고 나서 또 서명을 안 받은 건 아니고 그래도 계속하고, 그래도 어쨌든 계속 받아야 되겠다고 계속 받았던 거고. 하여튼 처음에 우리 그랬던 식으로 지나갔어요. 국민의 명령도 필요가 없었구나.

7

특별법 제정 촉구 도보 행진과 참사 100일 집회

면담자　　　　그럼 7월 23일에서 24일, 특별법 제정 촉구를 위해 안산에서 광화문까지 도보 행진을 하신 것과 참사 100일 집회 경험에 대해서 좀 여쭤보겠습니다.

형준 아빠　　　　제가 다리가 안 좋아요. 다리가 안 좋은데 광화문까지 도보 행진을 한다고 하더라구요. 집에서 극구 말렸죠, 다리가 안 좋으니까. 그래서 생각은 '내가 할 수 있는 데까지만 하자, 할 수 있는 데까지만 하자. 그리고 마음으로 할 수 있는 데까지 하고 거기서 안 되면 다시 차를 타고 오더라도'. 그래서 처음 마음에는 '여기서 안산 벗어날 때까지만이라도 걷자. 다리가 안 좋아도 어차피 질질 끌고라도 가자' 그러고 시작을 했죠.

그래서 안산에서 출발을 해가지고 아이들이 있는 하늘공원을 지나서 안산을 벗어나 가지고, 첫날이니까 힘들어 가지고 그냥 거기서 포기를 하려다가 '한번 해보자. 어떻게든 해보자' 그러면서 이제 그냥 걷기 시작했죠. 가면서 그 당시에는 박진 알죠? 박진하고 이야기를 많이 했어요, 걸으면서. 지금의 우리 4·16 행동하는 거하고 옛날에 그 사회운동할 때 행동들하고 그런 거를[에 대해서] 많은 이야기를 했는데, 그런 이야기를 하더라구요. "아버님, 힘든 싸움이 될 것이다, 힘든 싸움이 될 것이고". 어쨌든 그 당시 7월 달이니까 한 4개월 정도 됐죠. 100일이었죠, 그때가. 아, 100일이었죠, 100일 도보 행진이니까, 한 3개월. "2, 3개월 동안이라도 가족들이 꽉꽉 뭉친 거는 기적이다, 여지껏도 뭔 일이 있어도 3개월 동안 이렇게 가족들이 활동하는 건 드문 일이다" 그런 이야기를 하면서 "가족들이 참 많은 일을 하고 있다"고 그 당시에도 그렇게 이야기를 하더라구요. 그런데 우리는 그런 거 생각을 안 하고 우리는 해야 되기 때문에 한 거고.

그리고 항상 그때도 보면 가족협의회 처음에 1기 지도부부터 해가지고 그 지도부들 때문에 전부 다 와해된 게 많으니까, 그래서 지도부들도 그거를 알기 때문에 가족들 편에서 많이 싸움도 하고 했지만은 그래도 어쨌든 "뭉치자. 뭉치자" 그래 가지고 "분열하지 말고 뭉치자" 그러고. 그 당시 지도부들[이] 이야기하는 게 "일단은 우리가 정치색은 띠지 말자. 정치색을 띠는 순간 우리는 정치에 휘말린다" 그렇게 시작을 했고.

100일 행사도 쉽게 이야기해서 1박 2일 도보행사도, 뭐가 있어. 옆에서 시민단체들이 이야기한 것까지도 우리 가족들 스스로 결정을 해가지고 "우리가 특별법을 위해서 뭔가를 해보자" 그래서, "우리 안산에서 광화문 행사장까지 걸어가자" 그렇게 이야기가 나와서 그때 시작을 한 거고. 그래서 첫날 그런 이야기, 저런 이야기들을 많이 했죠. 그러니까 사회활동가들하고 이야기를 많이 했어요.

그래서 첫날은 광명까지 갔죠? (면담자 : 네, 광명) 광명까지 갔는데 광명 입구서부터는 진짜 너무 힘들더라구요. 너무 힘들어 가지고 그때 그래서, 이제 사람이라는 게 목적지가 보이면은 그때부터 안도의 [마음이 들면서], 힘들어지잖아요. 그래서 어떻게 어떻게 갔어요. 가니까 완전히 다리가 다 마비되고 그랬으니까. 그래서 그 다음 날은 "도저히 못 할 것 같다" 그 말을 했어요. 그 와중에도 광명체육관에서 자면서 우리 아빠들끼리 밖에 나가가지고 거기서 또 술 한잔 먹고 한참 이야기하다 들어오니까, 조금 이제 그러고 나니 풀어지더라구요.

'하루 한 게 아까우니까 마저 하자' 그래서 그다음 날도 광명에서부터 출발해 가지고 도보가 시작이 됐죠. 그러면서 항상 가족들이 제일 앞장을 섰으니까. 광명을 출발해 가지고 서울로 서서히 들어서는데 얼마나 많은 사람이 있는지도 몰랐죠. 서울 들어가서 다리를 지나면서 뒤를 쳐다보니까 끝이 안 보이더라구요. 그만큼 많은 사람들이 우리하고 같이하고 있구나. 진짜 많이 뿌듯했고, 몸은 힘들고 마음도 힘들고 어떻게 보면 정신력 하나로 버티고 그냥… 가가지고 중간에 국회에 들렀다가 다시 광화문까지 갔었죠. 광화문까지 가는데 그때 시청광장에 갔는데 가족들이 제일 앞에 전부 다 자리를 잡았잖아요. 추모행사를 100일 행사를 하는데 너무 힘들었어요. 몸이 힘든 게 아니고 우리 행사할 때 내용이, 아이들을 추모하기 위한 저거 있잖아요.

면담자　네. 그때 배 크게.

형준 아빠　너무 힘들어 가지고 진짜 밖으로 뛰쳐나와 가지고. 하기야 전부 다 가족들이 다 울음바다였으니까. 1박 2일 걸어와 서의 그 힘든 거보다 그 마음을 찔러주는 그런 게 너무 힘들었으 니까. 진짜 많이 울었어요, 그때 그 당시도. 그러고 나서 우리가 시청에서 행진을 시작했었죠. 행진을 시작하고 100미터도 못 가 서 막혀버렸죠. 그래서 그때부터 거기서 경찰들하고 몸싸움이 시 작됐고.

그러다 나중에 이야기하는 게 중간에 가족들만 나갈 수 있게끔 해준다고 그랬어요. 처음에는 거기서만 막고 있은 줄 알았으니까. 뒤에는 수만 명의 시민들이 있었고 앞에는 가족들이 제일 앞장서 가지고 가다가… 1차 저지선에서 몸싸움을 하다가 가족들만 보내 준다고 그래 가지고 일부 가족들이 통과를 했었죠. 일부 가족들이 통과하면서 가족들을, 우리가 가족들을 양쪽에 세우고 그때도 시 민들을 가운데 세우고 이렇게 빠져나가다가 경찰들이 그걸 보고 중간에서 막았어요. 중간에서 딱 막혔는데 내가 그 저지선 앞에 선 거야.

근데 옆에서는 가족들이 밀리고 몸싸움하면서 다치고 그래 가 지고 그것도 어떡해. 남자니까 막 쫓아가 가지고 사람들 펼치고 구 급차 부르라고 소리 지르고, 뭐 어떻게 하다 보니까 경찰방패 앞에 딱 서 있어. 그 당시에 누가 있었냐면 나하고 황필규 변호사라고 그 두 사람이 앞에 딱 서 있게 됐어. 주위에 전부 다 시민들하고 가족들하고 엉켜가지고 경찰들 하고 있는데. 여지껏도 그거 하면서 진짜 경찰을 그렇게 많이 본 건 처음이었고. 그래서 그 당시에 뒤를 돌아봤을 때는 뒤에는 수만 명의 시민들이 밀고 나오고 있고 그… 앞에는 경찰들이 딱 막고 있고 완전 오도 가도 못 하고 그냥 계속 거의 압사될 상태까지 갔었죠. 그러다 처음 생각한 게 '이거 도저히 안 되겠다. 뒤로는 못 빠지고 무조건 앞으로 나가야 되겠다' 그래서 경찰들 방패를 밀치기 시작했죠. 그래서 그 변호사하고 해가지고 한 몇 명이서 제일 앞에서 길을 뚫기 시작했죠. 길을 뚫었는데 뚫으니까 물밀듯이 밀려온다는 거 있죠, 둑이 터져가지고. 그런 식으로 조그만 통로로 해가지고 뒤에서 시민들이 밀려드니까, 우리는 제일 앞장 서가지고 거의 압사당할 정도까지. 1박 2일 동안 걸어가지고 힘은 하나도 없고 완전 그거 했는데[쓰러질 지경이었는데], 그런 상태였다니까요.

그거를 뚫자마자 보니까 2차로 또 차벽이 세워져 있는 거야. 참, 난감하더라고요. 그래서 2차 차벽 앞에서 또 실랑이를 하다가 어떻게 어떻게 해가지고 가족들은 빠져나오라고 그래서 가족들하고 그 시멘트 밑바닥으로 해서 빠져나왔어요. 그러고 딱 빠져나와가지고 세종대로 그 입구를 갔는데 그때 처음 본 게 '야, 저게 뭔가' 그 방패막이 차량, 처음 봤죠, 그때. 거대한 게, 차벽이라면 뛰어넘을 수 있는데, 거대한 게 그냥 가로막혀 있었잖아요. 저거는 어찌할 수가 없더라고 거대한 벽에 딱 막혀. 그래서 거기서 한참 실랑이하다가 우리 가족들은 어쨌든 광화문에 농성하고 있으니까, 우리 그때도 단식하고 있으니까 "우린 거기는 가야 되겠다. 우린 거기 가야 되겠다" 그러고 나서 다시 이야기해 가지고 가족들은 광화문으로 갔죠.

광화문에서부터 "청와대로 가자, 가자" 그랬는데 올라가다가 세종대왕 앞에서 또 다 막혔죠. 그거 하나 가기까지가 네 번의 방패막이를 뚫고 그 앞에 갔는데 거기서부터는 도저히 뚫리지가 않더라고. 그러면서 비가 내리기 시작, 그때 비가 왔었잖아요. 1박 2일 동안 저거를 걸어가지고 몸은 만신창이가 다 됐죠, 네 번의 방패막이를 뚫으면서 힘들었죠. 내가 여지껏 태어나 가지고 그렇게 많은 비를 그날 처음 봤어요. 그 비를 온몸으로 고스란히 맞아가면서, 잊어버리지도 않아. 광화문 교보문고 앞에 거기서 너무 힘드니까 그 비를 맞으면서도 거기 앉아서 졸리더라구요, 꾸벅꾸벅 졸고 있어.

면담자　　몸이 탈진되시니까.

형준 아빠　　땅바닥에 앉아 있는데 땅바닥에 물은 흥건하게 고여 있는데 그 바닥에 그냥 주저앉아 가지고. 그 당시에 여담이지만 가족들이 최고 많이 힘이[을] 받았던 게, 거기서 새벽 2시인가? 그때 "가족들은 빠지자. 이제 일부 가족들은 빠지자"고 그러고, 일부 가족들은 "우리가 끝까지 밀고 올라가자" 그러고…. 강경파와 이제 그거를[실랑이를] 하고 나서 가족들이 조금 많이… 그때 끝까지 밀어붙였어야, 근데 끝까지 밀어붙였어도 안 될 건 안 됐어요. 그래도 해보자는 사람들도 많았었거든요. 어쨌든 1박 2일 도보를 해가지고 마음은 힘들었지만 아니 몸이 힘들었지만, 마지막 날 1박 2일 도보 행진 하고 시청광장[에] 들어갈 때 광장에 꽉 메운 시민들이 박수를 칠 때 그냥 눈물부터 나더라구요. '그래도 우리를 이렇게 같이 이해 주는구나'. 그러면서 그때 내 생애 처음 그렇게 많은 비를 맞아보고, 그 비가 밤새도록 많은 비가 왔을 때.

그리고 나서 그날서부터 그 이후로 계속 행사할 때마다 (면담자 : 비 자주 오죠) 비가 자주 와가지고 항상 이야기하는 게 아이들의 눈물이라고. 그러니까 1박 2일 행진할 때 너무 힘들었지만 시청광장 갈 때 수많은 시민들, 국민들이 참 환호해 줬을 때 모든 게 힘들다는 게 딱 사라지고, 앞에는 진짜 서울역 바로 전에서부터 거의 다리를 질질 끌고 거기까지 갔으니까. 옆에서 부축하고 차 타라는 것도 "에이, 안 된다"고 "여기까지 왔는데 여기서 내가 이렇게 차 타고 가겠냐"고 다리를 질질 끌고. 아무리 몸이 힘들었어도 한편으로는 뿌듯함도 있고 그게 내 성취를 위해서 뿌듯한 건 아니지만 그래도 마음속으로… 아들에게 대한, 그래도 아이들도 힘들겠지만 힘든 삶을 살았지만 '아빠도 똑같이 힘들게 하겠다'라는 내 자신이 마음으로 그렇게 스스로를 다져가면서 했었죠, 1박 2일을.

특별법 제정 촉구 범국민대회

면담자　　8월 15일 특별법 제정 촉구 범국민 대회. 이때가 시복 시성 미사 때문에 프란치스코 교황[이] 방문했던 때거든요. 그때 기억에 대해서 여쭤보겠습니다.

형준 아빠　　원래는 다 철수하라고.

면담자　　네. 그러라고 했었죠.

형준 아빠　　철수하라고 그랬는데 "우리는 못 하겠다" 그리고 우리는 그 당시에 그거를 되게 바랬었고.

면담자　　유민 아빠….

형준 아빠　　아니. 교황이 온다는 것에 대해서. 왜냐하면 우리는 그거를 큰 하나의 계기로 삼았으니까 "우리는 절대 못 물러나겠다. 우리는 그 자리를 사수해야겠다"고 했었고. 그래서 그 자리에서 전부 다, 우리 가족들이 전부 다 거기 들어가 가지고 있었죠. 그러고 나서 교황이 딱 지나가 가지고 그때 우리들이 다 큰소리를 쳤죠. 그때 뭐였더라, 무슨 라틴어인지 무슨 "파파"[비바파파(교황만세)] 해 가지고 그러면서 소리를 질러가면서 우리 쪽으로 시선을 유도했고, 거기서 차가 서가지고 교황이 내렸잖아요.

　　우리로서도 어쨌든 유민 아빠가 계속 단식을 하고 있었으니까 유민 아빠를 앞에 세워놓고 우리는 전부 다 뒤에서 앉아가지고 소리를 지르고, 그래 가지고 유민 아빠를 만나면서 저것도[위로도] 해주고, 어쨌든 모든 게 그렇잖아요. 우리가 교황을 만나고 싶어서 만난 것도 아니지만 우리한테 힘이 되어줄 수 있는 사람들. 그리고 어쨌든 카메라가 우리 쪽으로 더 와가지고 언론이든 뭐든 우리말이 어디든지 나갈 수 있게끔. 이것은 전 세계가 하고[보고] 있으니까 우리는 전 세계적으로 어떻게라도 알리고 싶었으니까 그 자리에서 그렇게 했고, 교황을 만났고, 유민 아빠가 천주교 신자도 아니고 우리도 천주교 신자가 아니지만은 우리는 교황님을 만나서, 그 당시 교황님도 약자의 편에 서는 그런 교황님이었고, 그러니까 우리는 거기서 최대한 우리를 알리기 위해서 그 자리에서 교황님을 만났었고 우리의 의견을 전달했었고.

제일 싫어했던 게 박근혜죠. 우리가 거기 절대 못 있게 그때 공권력이든 뭐든 동원 해가지고 다 철수시킬려고 했던 걸 "우리는 절대 못 물러난다" [그랬고]. 그때 주위 사람들도 많이 도움을 줬지만은, 우리가족들도 저거 해가지고 성당이니 어디니 다 쫓아다니면서 다 해가지고 그래도 그 자리에 우리가 있게끔 [된거죠]. 우리는 교황한테 요구를 한 건 아니잖아요. 요구를 한 건 아니고 "우리를 봐달라…" 그랬습니다, 그날은.

9
청운동 주민센터 농성

면담자   8월 22일부터 청운동 주민센터 농성 관련해서 여쭤
보겠습니다.

형준 아빠   8월 21일이⋯ 유민 아빠가 병원에 실려 간 그날인가
그랬을 거예요. 우리가 그때까지도 광화문에, 왜냐하면 처음에 그
때 항상 광화문하고 국회하고 두 군데, 어쨌든 거점을 두 군데로
잡았으니까 두 군데[를] 왔다 갔다 했었죠. 두 군데 같이 왔다 갔다
하다가 5월 21일 날, 5월 21일이에요?

면담자   8월.

형준 아빠   아, 8월 21일. 그날 몇 사람들이 "우리 청운동을 가
자. 청운동을 가자" 몇 사람들끼리 이야기를 했던 게, 왜냐하면 그
전에 우리가 그 광화문에 항상 있으면서 청운동을 갈라고 시도를
많이 했어요. 시도를 많이 했는데 세종문화회관을 지나지를 못해.
우리 가족들이 한두 사람만 움직이면은 벌써 무전들이 다 떠가지
고 중간중간에 다 막는 거예요. 그래 가지고 세종문화회관, 종합청
사를 넘어가 보지를 못했어요, 저희가.

그래서 그날 저희들이 몇몇 사람들이 "청운동을 올라가자" 그
런 이야기가 나왔어요. 그래 가지고 그게 전체적으로 돼가지고 그
당시에 광화문에 있던 사람들이, 그때는 국회에 있던 사람들도 있

고 광화문에 있던 사람들도 있으니까 광화문에 있는 사람들이…, 왜 올라가자고 했냐면 저 위에. "유민 아빠 저러다 죽을 것 같다. 아무리 우리가 특별법을 요구하고 하지만 사람을 죽여서까지 그렇게까지는 안 하겠다. 우리는 청운동[으로] 가자. 어쨌든 가서 대통령을 만나야 되겠다. 사람이 죽어가는데 그걸 우리 눈으로 쳐다볼 수가 있느냐, 우린 못 보겠다. 가자". 그거를 기자회견을 하기로 했죠. 근데 청운동을 못 올라가니까 광화문에 전부 다 앉아서 농성하다가 전부 다 각개전투로 올라갔어요. 한 사람씩, 두 사람씩 버스 타고 올라가고 걸어 올라가고 하여튼 택시 타고 올라가고 하는 식으로.

그러면서 나하고, 이쪽에서 밖에 나와 있는데 광화문 옆에 나와 있는데 영석 엄마가 오더니 "아버님 가요" 그래요. "어딜 가는데?" 그러니까 "청운동 가요" 그래. 그래서 "가자" 그래서 둘이서 가면서 우리는 청와대 앞에 분수대 쪽에[으로] 걸어 올라갔는데 검문을 하더라구요. 그런데 어디 가냐고 물어봐 가지고 둘이서 저 분수대 구경 간다고, 그때는 그 사람들도 우리가 유가족들인지 모르니까 분수대 구경 간다고. 그러니까 분수대 가가지고 분수대에서 그때 국회의원들이 몇 명 앉아서 농성하고 있었고, 정의당이랑 그쪽에서 특별법 제정 때문에 농성하고 있었고 그래서 우리는 청운동으로 해가지고, 아니 그 분수대로 해가지고 청운동 동사무소에 제일 먼저, 우리가 가보니까 영석이 엄마하고 둘이서 제일 먼저 간 거야. (면담자 : 1등으로) 네.

그 전에 사람들이 몇 명씩 올라갔었는데 도착하니까 제일 먼저 더라고. 그래서 영석이 엄마가 "아, 배고파요" 그러더라고. 그래서 그 옆에 국수집이 있어요. "들어가서 국수나 한 그릇 먹을까?" 그랬더니 "그래요" 그러더라고. 그래서 둘이서 국수를 먹는데 거기도 경찰들이 좀 있고 정보과에서 형사들이 왔다 갔다 하면서 우리를 눈여겨서 쳐다보더라고요. 그래서 국수를 먹고 나오는데 우리 4반 엄마들, 아빠들 한 몇 명이 온 거야. 그래서 거기서 아는 체 하니까 그때서부터 애들이 바쁘기[바빠지기] 시작한 거야. 그때서부터 전부 다 쫓아다니면서 길 막고 그거하면서 막기 시작하는데, 그러면서 그 시기에 가족들이 다 올라왔죠. 처음에는 한 20명 됐나? 한 20명 있었죠, 거기서.

가가지고 주민센터 앞에서 자리를 잡고 기자회견 한다고 그러고 기자회견을 하면서 "우린 만나야 되겠다. 민원이라도 탄원이라도 해야 되겠다" 그러면서 기자회견을 하고, 다른 때 같으면 내려가는데 안 내려가고 계속 주저앉았잖아요, 첫날. 주저앉아 가지고 기자회견을 해가지고 "탄원서를 민원실에다 접수를 해야 되겠다" 그러니까 두 명이서 "비서실로 접수를 하러 가자" 접수하러 가면서 "우리는 저거를[확답을] 들어야겠다, 대통령의. 민원을 넣었으니까 거기에 대한 확답은 들어야 되겠다" 그러면서 "우리는 들을 때까지 여기서 움직이지 않겠다" 그러면서 청운동 농성이 그날부터 시작이 됐는데.

첫날은 가관이었죠. 항상 우리가 제일 잘하는 노숙으로 시작이 된 거죠. 첫날에 바닥에, 더러운 바닥에 그냥 드러누워 가지고 잠자는 사람들… 그러면서 농성이 되면서 가족들하고 시민분들 몇 명하고 거기서 그거[노숙] 하고 나서 갑자기 고립이 딱 된 거 아냐. 완전히 거기 차벽으로 싸여가지고 고립이 딱 됐잖아요. 그래서 또 차벽 너머에서 던져준 비닐, 그걸 가지고 경찰들하고 치고 박고 싸워가면서 그 비닐마저 뺏어가려고. 그냥 그 바닥에서 누워 있는 거였는데 밑에서, 광화문에서 덮고 하라고 비닐이라도 던져줬는데 그걸 뺏어가려고. 일부는 뺏기고 일부는 찾아오고.

첫날에는 비가 왔잖아요. 그 빗속에서 그 비닐만, 거기서 땅바닥에 누워가지고 비닐만 덮고 누워 있어. 어디선가 찾다 보니까 그 사진이 나오더라구요. 그 사진에[이] 지금 있는데. 비닐을 둘러쓰고 땅바닥에 누워가지고 잠이 와요? 밤새 거기서 앉아가지고 밤 샜죠…. 그리고 그다음 날 우린 1박 2일 하고 그다음 날 또 가족들이 올라와 가지고 그때서부터는 계속 교체해 가지고 했으니까.

첫날은 우리가 밤새고 이튿날 저녁에 내려가는 거야. 8월 달이니까 얼마나 더워요. 처음에 김밥만 먹고 그러다가 그다음 날 내려가는데 같은 반 혁이 아빠랑…. 혁이 아빠가 갑자기 장염에 걸려가지고 거기서 119 구급대를 해[불러]가지고 병원에 보내고. 장염에 안 걸릴 수가 없죠. 그 더위에 김밥 먹고 밤에 비 오는데 비닐을 뒤집어쓰고 거기서 김밥 먹고 있고. 참 어떻게 보면 사람도 아닌 생활을 했었죠.

처음에 그러면서 청운동 농성장이 그러면서 좀. 그래서 농성장이 하나씩 하나씩, 처음에 국회에서부터 시작해 가지고 국회 농성장, 그다음에 광화문, 그다음에 광화문에서 청운동까지 농성장이 3개가 된 거죠. 밤에 자는 사람들은 몇 명만 일단 자고 나머지는 계속 교대 교대로 왔다 갔다. 그래서 우리 4반은 거의 그때는 국회로 안 가고 청운동으로 많이 계속 갔었죠, 청운동으로 계속. 그래서 첫날, 첫날인가 둘째 날인가 그때 제가, 시민들이 밑에서부터 시위하고 지지 방문하러 청운동으로 왔었잖아요.

면담자   그렇죠, 신부님들도 많이 가시고….

형준 아빠   아니, 그 밑에서부터 난리 났었죠. 어디든 다 막혀가지고, 어떻게 어떻게 뚫고 들어온 사람들이 우리 건너편에서 전부 다 모여가지고 거기서 농성하고 있고. 우리는 이쪽에서 화답하고 그쪽에서도 화답해 주고 하여튼 청운동이 생기고 나서 그렇게 시끄러웠던 게 처음이래요, 그게.

면담자   그렇죠, 거긴 조용한 동네인데.

형준 아빠   네. 왜냐하면 거기 그렇게 시위도 못 하게 하고 그랬던 데고.

면담자   거기는 다 2인 1조로 경찰들이 돌아다니죠.

형준 아빠   응응, 거기는 시위도 못 했던 데고 그때 같이한 그 사회활동가도 자기들 여기 와서[는] 처음 해봤다고 그러고, 그 사람들도. 항상 우리는 "뭐든지 우리는 다 한다, 우리는 어떻게든 한다"

그러면서 그때서부터 청운동에 농성장이.

면담자　76일간 있으셨어요.

형준 아빠　계속 거기 왔다 갔다 하고, 그거를 다 이야기하려면 너무 길고.

면담자　아니, 괜찮은데요.

형준 아빠　아니, 너무 길고 단편적으로 한두 가지만. 일단은 거기서 봤지만 김제동이가 같이 와서 그때 이야기했을 때 페북[페이스북]에도 잠깐 올라왔었지만 김제동이는 그때 처음 봤어요. 말 잘하대. 그리고 우리를 위해서도 말 잘하고 참 말 잘하더라고요. 그때 내가 김제동이한테 질문을 던졌던 게 "우리는 어쨌든 우리가 당사자니까 이런 행동을 하고 있다, 현재 하고 있다. 그런데 제동 씨는 밖에서 사람들을 많이 그거 하니까[만나니까] 과연 지금 밖에서 쳐다보는, 우리 가족들을 쳐다보는 그 시선은 어떤 것이냐?" 이렇게 물어봤을 때 김제동 씨가 "다 똑같은 마음입니다. 걱정하지 마십시오" 그런 이야기도 하고. 그런 이야기를 들었을 때, 그래도 어쨌든 김제동이는 사회, 밖에서 쇼나 행사를 많이 하니까. (면담자 : 그렇죠, 토크콘서트 같은 것도 하고) 그러니까 그런 걸 많이 하니까 그런 데서 자기가 들었던 이야기들, 자기가 하고 있는 이야기들을 했을 때 우리 가족들이 궁금한 거야. 그래서 물어봤을 때 그렇게 이야기를 [해주니까] '그래도 우리가 나쁜 짓은 안 하고 다니는구나' 그랬었고.

광화문에서, 아니 청운동에서 농성을 하면서 매일 피케팅을 하러 가잖아요. 그러면 한 사람밖에 못 가잖아요. 한 사람밖에 못 가서 한 사람 갔다 오면 또 한 사람 나가고 그렇게 교대로 하러 가면 청운동 거기서도 피케팅을 하고 청와대 분수대 앞에서 피케팅을 하고 있으면, 우리처럼 많은 분들이 1인 시위를 하고 있더라구요, 거기 가니까.

그거보다 더한 거는 주위에 중국인 관광객들이 그렇게 많이 있었어요, 몰려다니고. 왜 우리는 못 들어가고, 우리는 청운동에서 우리도 그냥 국민 아니에요? 그냥 간다고 그래도 한두 사람 가면 못 가게 해. "왜 못 가게 하냐? 난 그냥 분수대 구경 간다" 그래도 안 돼. 우리는 사람이 아니냐. 거기서 우리가 딱 느꼈던 게 우리는 사람이 아니었어요. 거기서 이야기하는 게 경찰들이 이야기하는 게 우리는 사람이 아니야. 우리는 그냥 유가족이야. 걔들이 불리는 [부르는] 이름이 "유가족 떴다, 유가족 간다" 그러고 피케팅하러 가면 "유가족 간다" 그러고.

그러면서도 계속 시간 날 때마다 민원실에다 우리는 민원을 집어넣어요. 그럼 민원도 혼자밖에 못 가요. 그러니까 내 차례가 와가지고 내가 민원을 집어넣으러 간다고 갔어요, 민원실까지. 거기 정보관 한 명 대동하고 민원실까지 들어가 가지고 민원을 넣었어요. 그랬더니 "됐습니다" 그러더라고 그래 가지고 "뭐가 됐느냐, 당신 민원받았지 않느냐"고 그랬더니 받았대. 민원을 받았으면 확인서를 써주던가 "누가 넣었다는 확인서를 써달라" [그랬더니]. 안 써

준데. "아니 그런 게 어디 있느냐, 민원을 받았으면 민원을 받았다는 그 확인이라도 해야 될 것 아니냐. 접수만 하는 거면 접수증이라도 주던가 뭐라도 줘야 될 거 아니냐".

물론 안 준다는 거 뻔히 알고 있어요. 왜 그러냐면 몇 번 왔다 갔다 하니까 안 준다고 하더라고. 어떻게든 우리는 거기서 그냥 실랑이를 하는 거야. 정보관이 와가지고 "아버님 안 된다"고 "그냥 가시자"고 그래 가지고 한참을 그래도 실랑이를 했죠. "내놔라 빨리. 접수를 했으면 접수증이라도 줘야 될 거 아니냐".

결국은 못 하고 정보관하고 나오면서, 바로 옆에 보면 경비단이 있어요. 청와대 바로 옆에 경비단이 있는데 거기 가서 같이 커피 한잔 마시면서, 자기들도 힘들죠. 우리 가족들이 힘든 것도 걔들도 알아. 정보관도 알지만은 자기네들은 그게 직업이다 보니까 어쩔 수 없으니까. 그래서 그러니까 개인적으로 그렇게 이야기하면 개인적으로는 다 알지만 우리 이 맘도 다 이해해 주고. 정보관 초보여도 나중에 몇 번씩 가면은 가끔씩 보면은 그래도 가서 서로 아는 척도 하고 그러는데.

그러고 나서 또 에피소드 하나는 거기에 있는데 전주에서 활동하시는 분들이 몇 분이 오셨어요. 활동하시는 분 몇 분이 오셔가지고 그분들하고 그때 그 밑에 보면은 무슨 화랑이죠? 그 아이들 전시했던.

면담자   아, 네네. 장영승 씨가 하는.

형준 아빠　　　그거를 구경 가자고 그분들하고 갔어요. 그래 가지고 성호 아빠하고 나하고 그분들, 전주에서 오신 분들하고. 하여튼 청운동에서는 가족들이 딱 움직이는 순간부터 관찰의 대상이에요. 우리가 그쪽 내려가잖아요, 내려가면은 골목골목에서 "유가족 몇 명 떴다" 그러면 이쪽 골목에서 지키고 하여튼 뒤에서는 사람 계속 따라오고. 그러면서 그분들하고 이야기하면서 가는데 그분들도 이럴 줄은 몰랐죠. 가족들이 이런 취급을 당하는 줄은 그 사람들도 몰랐던 거예요.

그래 가지고 그 화랑을 들렀다가 가다가 중간에 관광객인데 뭐 물어보더라구요? 그래서 그거는 우리가 가르켜[가르쳐]주겠다고 그러면서, 어떻게 해서 같이 가다가 그렇게 된 거니까. 그래서 앞에서 딱 막혔어요. 막혔는데 이 사람은 길 물어보던 사람인데 같이 막혔단 말이야. 그래서 "이 사람은 우리하고 상관없는 사람이다. 길 물어본 거고 이 사람은 비켜줘라 올라간다" [이야기했는데] 안 되는 거야. 왜? 가족들 하고 같이 있었다고.

언제든 항상, 지금도 그렇지만 우리 가족들은 '빨갱이'잖아. 우리는 '노랭이', 그 당시에 항상 우리가 하는 이야기가 "우리는 노랭인데 왜 우리보고 빨갱이라고 그러느냐" 그렇게 이야기했지만. 가족들하고 지나가다 우리한테 길 물어본 사람까지도 막혀가지고, 그 사람은 결국 청와대를 가야 되는데 거기 분수대 관광 왔다가 결국 그래 가지고 "왜 못 가느냐" 그렇게 이야기해 가지고 우리가 이야기했어.

"우리는 세월호 가족들이다. 우리들 때문에 당신들까지도 피해를 줘서 너무 미안하다" 그랬더니 "아, 그러냐"고 "그런데 왜 가족들은 못 가게 하냐"고, "우리 가족들이 지금 이런 취급을 받고 있다. 그리고 청운동 그쪽 동네만 돌아도 우리는 뒤에서 사람들이 다 따라붙고 우리가 가는 앞길은 다 막혀 있고 우리는 이렇다". 그거를 전주 사람들도, 세월호 활동하는 그분들도 그때 같이 왔거든요.

첫 서명 맡은 사람들이 와가지고 그런 걸 쳐다보고 갔을 때 '우리랑 같이 있으면 전부 다 빨갱이구나. 지나가는 사람이 우리랑 이야기 한마디 했다고 그 사람까지도 빨갱이로 잡는구나' 그런 취급을 받고. 그러면서 칠십 며칠 동안 (면담자 : 76일 동안) 우리가 거기에 주저앉아 있을 거라고는 상상도 못 했고, 단 며칠 만에 하루나 이틀 만에 와가지고 뭔가의 답변을 해줄 줄 알고 기다렸는데 76일 동안 기다리고, 거기서도 나왔을 때는 '도저히 우리가 여기서 답을 얻을 수가 없구나' 그래서 우리가 "철수를 하자" 그래서 어쨌든 철수를 한 거고 그렇죠.

면담자   76일간 힘이 되셨거나 그런 기억이 있으시면.

형준 아빠   힘이 됐던 거는, 좋았던 거는, 아까도 이야기했던, 첫날부터 우리 농성할 때 많은 분들이 밑에서 시위하면서 경찰벽들을 뚫고 구석구석 어떻게 해서든 와가지고 많은 분들이, 시민들이 우리한테까지 와가지고 격려 방문을 왔을 때 그게 진짜 너무 좋았고, '많은 분들이 우리를 같이 응원하고 같이해 주는구나' 그때가 처음엔 너무 좋았고.

두 번째는 아까 김제동이나 사람들이 올라와 가지고 같이 우리들하고 이야기를 나눠가면서 우리들의 마음 알아주면서. 그리고 많은 분들이 오면서 항상 물품도 지원도 많이 해주고 많은 사람들이 어떻게, 그래도 그 사람들은 어떻게든 뚫고 들어오더라구요. 들어와 가지고 항상 먹을 거라든가 뭐든 이렇게 해줬는데, 너무 많은 시민들한테 우리가 폐를 끼친 거 같고 시민들한테 도움을 받은 거 같지만 '그 많은 시민들이 우리랑 같이하고 있구나' 그게 너무 좋았죠.

10
2차 삭발식과 광화문까지 도보 행진

면담자   아버님, 2015년으로 넘어가서 4월 4일 날 1, 2차 삭발식, 다른 부모님들 하시고 1박 2일 아이들 영정 사진 들고 광화문까지 도보 행진 하셨던 일에 대해서 여쭤볼게요. 도보 행진에 참여하시게 된 계기가 있으세요?

형준 아빠   삭발은 못 했어요. (면담자 : 네네) 그렇지만 그 당시에 최고 그랬던[문제였던] 게 그때는 특별법 제정 때문에, 시행령 폐기인가? (면담자 : 네, 시행령 폐기) 시행령 폐기 때문에 그랬잖아요. 그때 말들이 많았던 게 나도 좀 강하게 나갔던 게 "전부 다 영정 사진을 들고 가자" 일부 사람들은, 나는 유골함을 들고 가자고 그랬어요. (눈물을 닦으며) "다 빼자. 뭔 의미가 있느냐, 아이들 유골함을 들고 가자". 엄마들의 반대가 많이 심했죠. 저는 유골함을 들고 가자는 쪽으로 해가지고 "가자". 1차 도보 때는 어떤지 모르지만 이번에는 우리가 너무 큰 배신을 맛본 거 아니에요, 시행령 때문에. 너무 큰 배신을 맛보니까 힘들고 안 들고가 문제가 아니고 "가자, 우리가 할 수 있는 데까지 하자. 아이들 유골함 빼자". 그런데 유골함이 아이들 영정 사진으로 바뀌었지만….

그래서 1박 2일 동안 시행령 폐기를 외치면서 또 걸었죠, 뭐. 부모들이 그때 전부 다… 저걸 입었잖아요. 상복을 입고 아이 영정 사진 앞에 메고 무엇을 외치며? 시행령 폐기를 외치며. 그렇게 힘들게 1년 동안을 해가지고 특별법을 만들어놨는데, 그것도 말 그대로 반쪽짜리 특별법을 만들어놨는데 거기서 그것보다 더 못한 시행령을 했으니까[만들어 놨으니까] 우리는 그 시행령 폐기를 외치면서. 그 당시에는 참여한 계기가 내가 해야 되겠다 안 해야 되겠다가 아니고 우리는 당연히 그 시행령이라는 게 너무 저거 했으니까[기가 막혔으니까].

나는 그 당시에 "유골함을 빼자" 그렇게 주장을 했던 사람이었고 너무 많은 부모들이 "그거는 좀 너무한 거 같지 않냐" 그래서, 그때 영정 사진을 들고 도보를 시작했었죠. 도보할 때 나머지 경험, 기억 그거야 뭐 1박 2일로 할 때하고 힘들고 그런 거는 다 똑같지만 어쨌든 그러니까 1차 도보 때는 특별법을 외쳤고 2차 도보 때는 시행령 폐기를 외쳤고 그러면서 한 거죠.

면담자　　　그래도 가장 힘들었던 일이 있으셨다면요?

형준 아빠　　아이 영정 사진을 들고 그 아이들을 쳐다보며 간다는 게 가장 힘들었죠. 몸이 힘든 거는 상관이 없었지만 그거를 들고 간다는 그 자체가 너무 힘들었었죠. 1박 2일 동안 아이들, 실제로 앞에다 아이들 전부 다 쭉 같이 모아놓고 다시 출발할 때는 하나씩 아이들을 안고 가고, 그게 가장 힘들었어요. 몸은 항상 힘들지만은 다른 것보다 그게 너무 힘들었죠.

면담자　　　특별하게 기억나시는 사건은 없으셨는지요?

형준 아빠　　특별한 사건은 없었어요. 일단 우리가 걸어가지고 그때 광화문 집회 끝나고 그러고 내려왔으니까.

11
세종시 해수부 항의 방문

면담자　　　2015년 4월 6일 세종시 해수부 항의 방문을 하셨잖아요. 그때 왜 가게 되셨는지부터 설명해 주세요.

형준 아빠　　왜 가게 됐더라, 뭔가 힌트 없어요?

면담자　　　힌트요? 그때 해수부 장관한테.

형준 아빠　　장관 면담하러 갔었어요. 해수부 장관 면담하러 해수부를 갔었잖아요. 면담을 하기로 약속을 잡아놓고 갔었는데 해수부 정문에 도착하자마자 엄청난 병력들이 깔려 있었죠. 거기서 처음 몸싸움이 일어난 계기가 안산에서 서울, 아니 세종시까지 갔잖아요. 엄마들이 화장실을 가야 돼요. 그런데 화장실을 사용 못하게, 못 들어가게 하니까. 우리는 들어가 가지고 화장실 보내줄려고 그랬던 거예요, 처음에. "화장실 좀 가자", 안 된대. 그래서 그때서부터 몸싸움이 일어나기 시작했죠.

그래서 한참 동안 몸싸움을 하다가 일단 저거를 하고 뭐야, 기자회견을 하고. 이제 1년이 지났잖아요. 경찰들이 우리 가족들을 대하는 게 조금씩 틀려지더라구요[달라지더라구요]. 옆에서 하는 이야기들이 "저것들 다 집어넣어" 이래요. "다 잡아넣어" 그런 소리들이 들리고 그러면서 몇몇 사람들이 담장을 넘기 시작했어요. 담장을 넘자마자 다 잡아가더라구요. 그런데 조금 이따가 들리는 소문에 전부 다 차에 태운다고 그러더라구요, 담장 넘어간 사람들을 차에 태운다고.

그래서 차가 출발하는 쪽으로 일부가 몰려갔죠. 몰려가서 차에 태우는 거 못 태우게 막고 그러면서 싸움이 벌어지고, 그런데 차에다 다 태우더라구요. 태우고 나서 출발하려고 그럴 때 거리, 도로에 전부 다 누워버렸죠, 가족들이. 도로에 누워가지고… 몸으로 버스 밑에 섰는데 그때 한 경찰이 하는 이야기가 "들어내" 그러더라구요. 우리는 사람들도 아니에요. 그냥 "들어내". 짐이죠, 짐. 거기서 경찰들한테 들려 나가는데 한 사람 앞에 한 네 명씩, 다섯 명씩 다 스크럼 짜서 앉아 있는데도 그걸 어떻게든 다 떼어내 가지고 들

형준 아빠 안재용

려 나가는데 이게 뭔가….

우리는 장관 면담하러 온 거 아니에요, 만나주기로 했었고. 그러면 만나주고 같이 면담하고 그리고 나오면 되는 거 아니에요. 왜 그거를 못 하게 막냐 이거지. 그러다가 나중에 면담하러 들어갔는데 몇 사람만 들어갔는데 결국 장관하고는 면담을 못 했잖아요. 그래서 경찰들한테 들려 나올 때 바닥에서 가족들끼리 안 들려 나갈라고, 왜냐하면 바로 앞에는 우리 가족들이 타고 연행되어 있는 버스가 있었고 우리는 몸으로 가족들을 지켜야 됐었고. 앞에서 바닥에 드러누워 가지고 있는 거기서 경찰들한테 해[들려 나가] 가지고 해산당하고, 내가 진짜 들려 나올 때, 참⋯ 짐짝 들듯이 들려 나왔죠, 보면. 들려 나오면 다시 쫓아가 가지고 또 드러눕고 들려 나오면 또 드러눕고.

우리를 관할해야 될 수 있는[관할해야 하는] 데가 그때가 해수부였잖아요. 그 해수부에서 우리를 지켜줘야 되고 우리를 저거 해줘야[도와줘야] 될 그런 부서에서 우리를 그렇게 냉대시키고 진짜. 항상 모든 사람들, 어디 가면 뒤따라 다니는 그냥 가족들이 아니고 "유가족 왔다". 우리가 아이를 일부러 사고를 낼라고 해가지고 유가족 되고 싶어서 된 유가족은 아닌데 그거를 항상 강조해 가면서. 그러니까 보면 그랬었죠.

12
시행령 폐기 집회

면담자　　2015년 4월 16일 1주기에 시행령 폐기를 요구하며 광화문 연좌 농성, 그때 시행령 때문에 1주기 기념식을 못 하시고 광화문에서 연좌 농성만 하셨던 걸로 기억하는데 그때 이야기 좀 해주세요.

형준 아빠　　박근혜가 온다고 그랬잖아요. 우리는 안산에서 하기로 했었고. (면담자 : 원래 그랬죠) 박근혜가 안 왔잖아요. 그래서 1주기 행사를 취소했잖아요. 취소하고 서울로 올라갔죠. 서울로 올라가 가지고 박근혜를 만나러 가야겠다, 청와대로. 광화문에서 [으로] 그때도 다 올라갔었죠. 그러면서 이제 그… 그러니까 처음에 1주기 행사를 시청 앞에서 했었죠. 시청 앞에서 하면서 가족들끼리 중간에 일부가 빠져나왔어요. 다 흩어져서 일부가 빠져나와 가지고… 경복궁 앞으로 갔었죠.

처음에는 몇몇은 아예 시청에 올라올 때 먼저 시청 앞으로 안 가고 그냥 광화문으로 가고, 몇 사람들이 현판 밑으로 집결을 했었죠. 우리는 시청에서 행사를 끝내고 광화문까지 가가지고, 건너편에는 우리 가족들이 있고 바로 앞에, 우리는 바로 앞까지 진출을 해가지고 거기서 양쪽에서 농성을 하고 있었죠. 그때 그 철제, 철제방패가 딱 등장을 하더라구요. 그래서 그걸 뚫으려고 애도 많이 썼는데 우리가 역부족이더라구요.

그러더니 대학생 애들이 왔어요. 젊은 애들이 와가지고 그걸 뜯어내더라고, 그걸 하나씩 하나씩 뜯어내더라구요. 그 뜯어낸 틈 새로 우리들이 진격을 했었죠. 그러면서 진격을 했는데 한 10미터 도 못 갔어요. 10미터도 못 가고 거기서 전부 다 경찰들한테 둘러 싸여 가지고 거기서 또 주저앉았죠, 우리가 할 수 있는 게 주저앉 는 것밖에 없으니까. 그래서 주저앉아 가지고 또 농성을 했었고 그 렇게 1주기가 지났죠. 그러면서 본격적인 그 5월 1일이 오는 거죠.

면담자   아버님, 연좌 농성하실 때 특별히 기억나시는 어떤 사건이나 더 화가 났던 일들이 혹시 있으셨어요?

형준 아빠   항상 우리는 하는 이야기가 그랬어요. 우리가 여기 서 이렇게 행진, 저거를[행진을] 하면서도 우리는 사람이 아니었다. 그러면서 그날서부터 가족들이 시위를 하다가 거기서 연행이 돼가 죠. 우리 같은 반에 성호 아빠, 경빈이 아빠 분명히 같이 있었는데 바로 옆에 같이 붙어 있었는데 한참 으쌰으쌰 하다 보면 사람이 없 어졌어요. 전화 오면 "어디냐?", 경찰 버스 안이래. "거기 왜 가 있 느냐?" 으쌰으쌰 하다 보면은 그냥 쑥 잡아 빼요. 그러면 이야기하 는 거 보면 뒤에 가가지고 발로 차고 막 구타하고 그러면서 끌고 가가지고 차에 태운다고 그러더라고. 많이 맞고 그랬다고 하더라 고요. 그래 가지고 "야, 너는 우리랑 같이 있었으면 그거 할 건데[괜 찮았을 텐데] 왜 쑥 빠져나가 가지고 잡혀가고 막 그러냐" [그리고]. 그때서부터 가족들이 연행되기 시작을 했었죠. '아, 이제 가족들도 연행을 하는구나' 그랬죠.

면담자　　그러면서 4월 18일 시행령 폐기 집회 때 가족, 시민들이 대거 100여 명이 연행된 (형준 아빠 : 네) 집회가, 그때 이야기 좀 부탁드릴게요. 그때 엄청난 충돌이 있어서 마구 잡아들였던.

형준 아빠　　시행령 폐기 집회를 하면서 광화문 현판 밑에서는 완전히 가족들을, 거기서 연행하고 있고 우리는 이 앞에서 막 그 하면서[싸우면서] 연행당해 가고. 4월 18일 그때는 시청에서 저거[집회]를 하고 행진을 하다가 우리는 광화문으로 가야 되는데 다 막혔잖아요. 그래서 다시 청계천으로 해가지고 빙 돌아가서 을지로로 해가지고 올라가다가 종로3가에서 또 막혔죠. 종로3가에서 막혀가지고 다시 골목으로 돌아가지고 골목으로 가다 골목에서 또 막혔죠.

그런데 그 당시 왜 그랬냐 하면 우리 반에서 엄마들이 세 명이 있었는데 내가 그 엄마들을 챙기다 보니까, 골목에서 또 가족들하고 경찰들하고 대치를 했는데 '저거는 뚫을 수 있겠다' 그렇게 생각을 해가지고 그거를 뚫었어요. 뚫어가지고 승묵이 아빠랑 몇 사람은 다 뚫고 나갔어. 그런데 엄마들이 못 뚫고 나가고 엄마들이 뒤에서 경찰들이랑 저거[실랑이를] 하고 있더라고. 그래서 난 엄마들 챙긴다고 다시 뒤로 나와가지고 엄마들 다 챙겨가지고. 그러니까 다 뚫고 거기서 다 뿔뿔이 흩어진 거지.

그래서 엄마들하고 그때 박주민 변호사하고 황필규 변호사하고 다시 종로3가 사거리로 나왔죠. 거기서도 또 완전히 막혀 있었잖아요. 막혀 있어가지고 거기서도 변호사들, 그 당시에는 변호사였으니까 둘 다 변호사니까 앞에서 저거[항의]를 해도 꿈쩍도 안 하더라고요. 우리는 그때 어쨌든 광화문을 가야 되는데 갈 수가 없잖아요. 그래서 거기서 종로3가 사거리에서 한참을 경찰들고 실랑이를 하다가 엄마들을 데리고서 전화상으로 이야기를 하니까 일부는 광화문으로 들어갔다고 그러더라구요. 그래서 다시 우리는 돌아서 청계천으로 해가지고 다시 돌아가지고 별 희한하게 어떻게 조그만 구멍 있는데 거기로 빠져나가 가지고 그래서 결국 엄마들하고 광화문에 합류를 했었죠.

면담자　　그 사건 이후에 5월 1일, 시행령 폐기를 위해 1박 2일 철야농성 하시는데 안국역에 캡사이신 물대포가 등장해서 물대포 맞으면서 밤샘 집회 하시고 청와대 행진 중 경찰과 충돌하는 사건이 있었는데요. 이때가 아마 4월 26일에, 정부가 4월 29일 보궐선거를 앞두고 인양을 발표하고 나서 큰 충돌이 있었던 것으로 기억합니다. 이 사건에 대해서 말씀 좀 부탁드리겠습니다.

형준 아빠　　네. 그러니까 5월 1일 날도, 4월 29일 날 아니 4월 30일 날인가 우리가 집회를 했었죠? 5월 1일인가요?

면담자　　5월 1일이요.

형준 아빠　　5월 1일 날이 저거잖아요.

면담자　　메이데이요. 네, 노동절.

형준 아빠　　　노동절이니까 노동절 집회에 우리가 같이 집회를 했었잖아요. 5월 1일 날 시청에서 집회를 하면서, 한참 집회를 하다가 우리 가족들은 빠지기로 했어요. 빠지기로 해가지고 일부 스르륵 빠지는데, 참 거기서 느꼈던 게 어떤 사람이 "가족들 전부 다 이쪽으로 모이세요" 이러더라고요. 가족들은 이리로 가야 된다고 가족들은 모이래. 그런데 거기 가는데 뭔가 느낌이 안 좋아요. 그래 가지고 거기 앞에서 집행하는 애들한테 "저 사람 아느냐"고 하니까 모른대요. 거기도 나중에 보니까 프락치예요. 그 사람들이 가족들을 분리시키는 거예요.

행진을 시작하기 전에 우리가 뭔가 그때 계획들을 짜고 있었거든요. 그래서 "행진을 시작하면서 우리는 안국역으로 해가지고 우리는 청와대로 돌진을 한다. 그리고 먼저 일부 사람들은 빠져가지고 그 사람들은 경복궁, 경복궁 현판 밑으로 다시 간다". 이 계획들을 다 짜고 있는데 한 사람이 가족들을 막 모으더라구요. 그래 가지고 일부는 행진하면서 종각 쪽에서 올라오고 한쪽은 시청에서 올라오고 계획대로 다 짜고 했는데, 참 그래요.

그 안에서도 정보과 애들이 그렇게 나서서 그러니까[방해하니까] 가족들을…. 그 사람들을 내가 봤는데 몇 사람들이 자기들끼리 이렇게 이야기를 하더라구요. 그래서 느낌이 좀 안 좋았는데 그 사람이 가족들을 이리로 모이라고 그러더라구요. 그래서 뭔가 궁금해 가지고 다시 물어봤어요, 다시 물어봤더니 아니라고. 그래서 우리는 가족들끼리 시청역에서 안국역까지 지하철 타고 갔어요. 지하철 타고 가면서 일부 시민들하고 그렇게 해가지고 지하철을 타고 갔잖아요. 지하철 타고 안국역을 가가지고, 내려가지고 안국역 올라가는데 꽉 막혔잖아요.

그때서부터 경찰 애들이 갑옷을 입고 있었어요, 그때서부터. 그 전에는 방패만 들고 있었는데 그때서부터는 갑옷을 입고 있었어요. 그래 가지고 몸싸움이 벌어져 가지고 한 사람씩 한 사람씩 애들이 [경찰들을] 다 끌어내렸잖아요. 끌어내리면서 옆에서 때리려고 그러는 걸 그러지 말라고 그러면서 걔[경찰]들 조용히 물건 뺏은 거 다시 주고 니들은 뒤로 다 나가라고 그러고 나서 안국역으로 올라갔잖아요. 원래는 그쪽으로 민노총[전국민주노동조합총연맹] 애들이 거기로 오기로 했었는데 거기서 집회를 하는데, 민노총들이 왔는데 일부만 온 거야. 그래서 자기들이 벽을 뚫겠다고 분명히 저걸[계획을] 했어.

그때 왜 광화문을 못 갔느냐, 광화문으로 못 가고 왜 안국역으로 갔었냐면 그때 4월 초파일 부처님 오신 날이 있어 가지고 거기서 행사한다고 불상을 거기다 놔뒀다고. 그래서 광화문으로 진격을 못 하고 그때 안국역으로, 그래서 안국역으로 간 거예요. 그래 갔는데 거기 가서 막혔잖아요, 안국역에 가보니까. 광화문은 그래도 좀 넓으니까 여기저기서 빠질 데가 있는데 안국역 가니까 빠질 데가 없어요. 거기다가 가족들하고 학생들하고 해가지고 민노총들하고 해가지고 들어와 가지고 거기서 뚫으려고 했는데. 이제 그 전에는 시청 앞에서 할 때는 며칠이죠, 4월 17일인가?

면담자   4월 18일.

형준 아빠   4월 18일 날은 줄로 해가지고 땡겨가지고 버스 파손 나고 그래 가지고 뚫고 나왔잖아요. 그러니까 애들이 완전히 여기서는 완전히, 줄을 걸고 했는데도 (면담자 : 독이 올랐죠) 응, 독이 올랐죠. 그때서부터 물대포가 (면담자 : 캡사이신에) 뿌려지기 시작했는데 차량 옆으로 요만큼 공간이 있어요. 거기에 경찰이 방패로 꽉 막고 있고 거기를 뚫으려고 하니까 뚫려야죠, 안 뚫려. 민노총 애들이 한번 해보고 밧줄로 해가지고 땡기고 해도 못 뚫더라고요. 그러면 어떻게 해요, 거기서 고립이 딱 된 거 아니에요.

    고립이 됐는데 거기서 물대포를 뿌리고 그래 가지고 도저히 안 되겠다 그래 가지고 "가족들 전부 다 일어나라. 가족들이 전면에 서자" 그래서 가족들이 전면에 섰잖아요. 전면에 섰는데 가족들한테 그때 곡사가 아니고 직사로 그냥 쏘더라구요. 일부 가족들은 물 맞고 튀어 나가고 막 저까지 밀려 나가고. '맞지 뭐' 그래 가지고 그냥 온몸으로 맞았어요. 그러고… 그 캡사이신, 그 당시 그러니까 물대포는 "에이, 물대포니까" 그랬었는데 그게 캡사이신 물대포라고 그러더라고. 진짜 참 독하대 독하긴, 온몸으로 하는데. (면담자 : 네, 온몸이 아프다고) 네.

    그래서 일부 엄마들은 그쪽의 시민분들이 자기 집에 가서 좀 씻고 오자고 일부 엄마들은 갔고 나머지 분들은 맞은, 뒤집어쓴 채로 그 자리에서 그냥 전부 다 그걸 하괴[견디괴 있었죠. 하괴[견디괴 있다가 우리가 저쪽에서 경찰들이 몰려오기 시작해서 우리가 경찰 방패 앞에서 전부 다 막고 있었어요, 우리 가족들이.

그러면서 일화가 하나 있는데, 딱 막고 있는데 내가 모자를 쓰고 있는데 모자를 뺏어가지고 뒤로 확 던지더라구요, 경찰 애들이. 모자를 뺏어가 버리더라고. 그런데 뺏기고 나서 가만히 생각하니까 그게 우리 애, 우리 아들 모자거든. 갑자기 딱 그러더라고[그 생각이 나더라귀]. 그래 가지고 그다음부터는 "내놔라" 그랬더니 꿈쩍도 안 하더라구요. 그래서 거기서부터 실랑이가 이어져서 엄청 실랑이를 했죠. 그랬더니 그래도 꿈쩍도 안 해. 그래 가지고 그래서 "우리 아들 거다. 새끼들아, 어디 아들 모자를 갖다가 뺏어가냐, 안내놔?" 막 그러면서 소리를 지르면서 싸워가지고 한 2, 30분 싸웠어요.

그랬더니 저 뒤에서 한 놈이 "찾아드리겠습니다" 그러더라고. 그래서 찾는데 못 찾더라고. 그래서 그때 경찰이 한 열 겹 정도 이렇게 쭉 서 있었어요. 그거 뚫고 들어갔어요. "비켜, 이 새끼야" 그러고 그 중간을 뚫고 들어갔어. 그랬더니 뒤에서 한 놈이 하는 이야기가 "뭐야, 잡아온 거야?" 그러더라고 나보고. 그래서 "이런 씨팔 새끼들이" 그러면서 욕하면서 바닥 뒤져가지고 결국 애 모자를 찾았어요.

그러고 찾아가지고 나와가지고 있는데 그때서부터 해산 작전이 시작되더라구요. 경찰 애들이 해산 작전을 하면서 가족들을 분리시키고, 가족들은 분리, 고립[을] 딱 시켜놓고 그다음부터 전부 다 밀고 해산 작전이 시작되더라구요. 그 사거리에 우리 가족들만 남은 거 아니에요. 가족들만 남고 나머지 시민들은 도로변으로 밖으로 다 밀리고, 가족들만 사거리에 남은 게 5월 1일 날, 그렇게 된 날이에요. 그래서 거기서 진짜 막 춥고 그래서, 5월 달인데 추운데 캡사이신 물대포는 흠뻑 뒤집어썼지, 그 바닥에서 덜덜 떨면서 하룻밤을, 그 아스팔트에서 그냥 앉아가지고 하룻밤을 샜잖아요.

그러고 그다음 날 우리 가족들이 "또 가자, 올라가자" 그래 가지고 또 올라갔잖아요. 올라가 가지고 안국역을 지나가지고 한 200미터인가 올라가 가지고 또 막혀가지고 거기서 또 주저앉았죠. 그러면서 경찰들이 밀어낼 때…(눈물을 닦으며) 가족들이 전부 다 앞에 나가가지고 목에다 줄을 감았어요. 아시죠? 목에다 줄을 감으면 한 사람 빼면 그게 다 땡겨가지고 못 하니까, 그런데도 막 잡아 땡기더라구요.

뒤에서 "이건 아니다, 응? 우리 아무리 싸워도 이렇게는 하지 말자. 우리 이거 아니다". 진짜 뒤에서 성호 아빠하고 나하고 울면서 말했어, 가족들한테. "우리 이렇게까지는 하지 말자. 이건 아니다, 이건 아니지 않느냐"고…(흐느낌) 그러면서 가족들 뜯어말리면서 한 사람 한 사람 목에 감긴 줄 풀어가면서 "우리 아무리 싸움이 그렇다지만 이렇게까지 극단적으로 하지 말자…". 너무 힘들었어요.

지금 보면 1박 2일이, 아직도 그렇지만 항상 안국역 사거리 쪽으로 가면은 그 생각이 나고… 그러면서 그 당시에 생각했던 게 '우리가 과연 이걸 뚫고 나갔으면은 어떻게 됐을까' 이제 그런 생각을 했어요, 거기 가기 전에. 그때는 우리가 "안국역을 뚫어준다"고 이야기를 하고 "청와대까지 진격을 하자" 이야기를 했을 때 어떤 생각이 들었냐면 '청와대 앞에까지 갔으면은 아마 발포를 할 것이다, 총을 쏠 것이다'. 그 전까지는 경찰 애들이 막고 있겠지만 청와대 앞에까지 진격을 하면 그때는 군인들이 나설 것이라는 것을 우리는 알고, 우리는 그렇게 생각을 하고 있었어요.

그리고 나서 몇몇 사람들이 경복궁 쪽에서 넘어왔잖아요. 이야기하는 게, 내가 그랬잖아요. 우리가 안국역 올라갈 때 애들이 전부 다 완전군장 하고 있었다고. 경복궁 쪽에는 무슨 애들이 있었냐면은 옛날에 한참 시위할 때 나왔던 백골단[1980, 90년대 시위 진압을 위해 특채된 사복경찰 체포조] 애들이 있었어요. 완전군장 하고 몽둥이 하나씩만 딱 들고 그냥 저거[진압]하는 백골단 애들이 거기서 진 치고 있었고. 그걸 뚫었을 때, 뚫고 청와대까지 올라갔으면 우리가 그때 생각했던 게 '아마 발포까지도 지시하지 않았을 것인가' 그런. 그래서 그런지 어쨌든 안국역에서 민주노총이랑 뚫기로 했었는데 결국 못 뚫더라구요. 그래서 안국역에서 1박 2일이, 거기서 저걸 했지만 하여튼 여지껏 시위하고 뭐 하고 하는 중에서 최고 힘들었죠, 1박 2일 동안 안국역에서.

13
동거차도 감시단 활동

면담자   9월부터 동거차도 감시단 활동 시작하셨거든요. 아버님 동거차도 가셨을 때 이야기 좀 부탁드릴게요.

형준 아빠   동거차도가 9월 16일 날에요?

면담자   9월부터 시작하신 걸로 되어 있어서.

형준 아빠   그러니까. 9월 5일인가 이제 그때 인양을 한다고 해가지고, 그 뭐지?

면담자   샐비지[상하이샐비지]호.

형준 아빠   샐비지호가 들어온다고 해가지고 원래는 우리가 거기에 탑승을 하자고 해가지고 바지 교육을 하다가 결국은 그게 무산이 됐잖아요. 무산이 되니까 "그러면 우리는 동거차도에서 지켜보자. 우리가 감시활동을 하자" 그래서 1차 사람들이 올라가서 초소를 구축했었죠, 초소를. 1차로 위에 천막으로 그냥 얼기설기 덮고 그리고 거기서 쭉 내려오면 절벽 밑으로 오면 거기다 초소를 설치를 하고 했었죠. 설치하고 난 바로, 설치 다하고 우리가 그러니까 감시활동으로는 제일 먼저 성묵 아빠하고 둘이서 내려갔었죠.

거기 가가지고 동거차도를 그때 처음 들어가 봤는데 참 가깝더라구요. 진짜 누구 말대로 거기서 그냥 다 나왔으면, 우리 아이들 전부 다 수영들도 잘하고 그래요. 헤엄쳐 나왔어도 거기까지 왔겠더라구요. 너무 가까웠어요. 그러니까 마음도 진짜 너무 아프고 이렇게 가까운 저 앞에서 사고가 나가지고 아이들이 저기 있는데, 나오라고 했으면 나왔으면 전부 다들 어떻게든, [파도에] 밀려서든 어쨌든 왔을 거 아니냐 이거죠. 살았을 거 아니냐.

그래서 이제 감시활동을 시작했잖아요, 둘이서 가가지고. 첫날 둘이서 갔으니까 감시초소는 절벽 아래니까 거기서 감시활동을 하다가 잠은 위에 올라와서 천막에서 자야 되니까. 그렇게 하고 둘째 날 다시 내려가서 감시활동을 하는데 비가 진짜 막 비가 몰아치는 거예요. 그래서 안 되겠다 거기 있으면. [어떻게 해서든지] 거기 조그만 텐트 하나 해가지고 했는데 텐트 안에까지 비가 다 들이치니까 카메라에 물이 튀기 시작하는 거예요.

그래서 성묵 아빠하고 "철수를 하자, 철수를 하자" 그랬는데 둘이서 비가 막 쏟아지고 오는데 카메라하고 그걸 다 챙겨야 되니까, 둘이서 그걸 챙겨가지고 비바람 불고 그 절벽을 기어올라 와가지고. 절벽을 기어올라 와야 돼요. 기어올라 오면 얼굴이 따갑더라고, 비에 맞아서. 그래 가지고 철수를 했잖아요. 철수를 하고 나니까 다시 그 밑에 도저히 내려갈 수가 없겠더라고. 둘이서 해가지고 할 수 있는 게 있으니까.

거기다가 전기도 처음엔 전기도 없어 가지고 발전기를 해놨는데 발전기가 고장 나가지고. 그러니까 한사람은 [카메라] 충전을 해야 되니까 저 밑에 민가까지 가가지고 충전하고 오고 한사람은 계속 감시활동하고 그러니까 둘이 할 수 있는 게, 밑에서 감시하는 그 초소는 할 수가 없겠더라고요. 그래 가지고 그 이야기를 했죠. "우리가 둘이서는 감시초소를 두 개를 운영할 수가 없겠다. 그래서 위에서[만] 다시 감시활동을 하겠다" 그래 가지고 위에서 감시활동을 시작을 [한 것이] 3일 째 되는 날부터.

그런데 처음에는 진짜 물론 지금도 열악하지만 너무 처음엔 너무 열악했죠. 그냥 얼기설기 해놓은 데다가 천막 하나 세워놓고 그냥 있었던 상태니까 비바람이 몰아치면은 밤새 잠도 못 자죠. 천막이 펄럭이고 여기저기서 물 새고 그러면 밤새 보수작업 하고 며칠 동안을 우리가 계속 그러면서 발전기가 안 되면 다시 내려가서 밑에서 충전해 와야 되고 둘이서 돌아가면서. 거기서 일회용 밥 같은 거 데워먹고 일회용 음식을 해가지고 설거지는 거기서 뭐.

면담자   화장실에서?

형준 아빠   아니. 그러니까 물도 힘들고 하니까 설거지는 저기.

면담자   민가 가서?

형준 아빠   아니. 그 뭐야 그 물티슈.

면담자   아, 물티슈.

형준 아빠   물티슈로 싹 닦아가지고 그다음에 물 조금 있는 걸로 싹 헹궈내고 그런 식으로 해가지고 일주일을. 우리가 있을 때 처음에 첫날에 아가씨들 둘이서 오더라구요. 아가씨들 둘이서 와서 "어디 가시냐"고 그랬더니 첫날인가, 둘째 날인가? 셋째 날, 셋째 날이에요. 셋째 날 요한이 아빠가 우리 반에 요한이 아빠가 방문차 왔어. 그때 갔는데 아가씨들 둘이 내려오더래. 그래 가지고 "아가씨들 어디 가시냐"고 그러니까 아버님들 그 초소 간대. 그런데 보니까 걔들은 사전준비가 안 되어 있는, 그래 가지고 반바지 입고 그렇게 하고 온 거야. "그렇게는 도저히 못 간다".

면담자　　　　정보가 없었네요.

형준 아빠　　　그래 가지고 밑에 민박하는 집에, 들었는지는 몰라도.

면담자　　　　저 가봤어요.

형준 아빠　　　가봤죠.

면담자　　　　저 동거차도 가봤어요.

형준 아빠　　　거기가 지성이, 지성이 그 이야기 들었죠?

면담자　　　　그거까지는 못 듣고 어쨌든 할머님 댁에서 도와주신다고.

형준 아빠　　　그 할머니, 그러니까 그 아가씨들을 그 할머니한테 해가지고 몸뻬바지 하나 빌려 입고.

면담자　　　　그렇죠, 할머니 댁에서.

형준 아빠　　　그래 가지고 거기 방 하나 조그마한 거 있잖아요.

면담자　　　　네, 있어요.

형준 아빠　　　그런데 걔들은 올라갔다가 저녁에 내려와 가지고 자라고 그랬더니, 그래도 할머니가 안방 내줘가지고 안방에서 잤다

고 하더라구요. 그래서 걔들이, 둘이 올라와 가지고 뭐지? 미스에
이인가?

면담자　　　　아, 연예인.

형준 아빠　　　아니, 연예인 말고. 미스 뭐라고 대학생 애들 해가지
고 그 기자들인데.

면담자　　　　아, 대학생 기자단 같은.

형준 아빠　　　응, 이렇게 치면은 나오더라구요. 거기서 와가지고
그래서 하는데, 어쨌든 항상 이야기하는 게 동거차도를 가봐서 알
지만 낮에는 일하는 게 안 보이고. 그리고 우리가 카메라를 딱 들
이대면 사각지대로 우리를 만들어버려요. 우리가 볼 수 있는 데를,
일하는 데가[를] 사각지대로 만들어가지고 항상 들어가지고 그렇게
해가지고 있어요. 그래도 어떻게 해. 누군가는 지켜보고 있어야 되
니까 항상 교대로 돌아서 한 사람은 계속 망원경 쳐다보고 있고 한
사람은 안에서 뭔 일 있으면 일지에다 불러주면 그 일지 작성하고.
동거차도 가보셨으니까 아시겠지만 할 일이 그거잖아요, 그냥 지
켜보고 있는 거.

　　그래도 우리가 나중에 정보도 주고, 이 지켜본다는 것에 대해
서 엄청난 압박감을 느끼고 있었던 거예요. 뭔가를 우리가 지켜보
고 있다는 게 걔들한테 뭔가 항상 압박감이 있고, 나중에 들으니까
그쪽에서도 우리를 지켜보고 있었던 거야. 그래서 그때 우리 그[동
거차도에서 감시할 때 특조위 조사단에서 거기 올라갔다가, 거기 가

가지고 샐비지호 방문하고 그리고 동거차도 와가지고 같이 왔다가고. 바로 옆에서 쳐다볼 수는 없잖아요. (면담자 : 그렇죠) 쳐다볼 수 없으니까 최대한으로 우리가 하는데 "지켜는 보고 있다, 우리도. 우리 눈으로 밤에 안 보일지언정 볼 수 있는 것까지는 우리가 지켜보겠다".

면담자   아버님, 동거차도 활동하셨던 이야기 조금만 더 해주시면, 동거차도 가시면 안산에 계시는 거랑 많이 다르신 거 같더라구요. 아버님 특별하게 기억나시는 게 있으세요.

형준 아빠   동거차도에는 내가 한 번 갔어요. 한 번밖에 안 갔어.

면담자   그럼 가셨을 때 어떤 느낌이셨는지.

형준 아빠   아까 그랬잖아요. 첫 느낌, 너무 가깝다. '불러도, 거기서 소리 질러도 다 들릴 수 있는[있을 만큼] 너무 가깝다. 왜 못 나왔을까. 가족들이 거기서 지켜보고 있기는 너무 힘들겠구나. 그래도 우리는 지켜봐야 되겠다. 쟤들이 무엇을 하는지, 보이든 안 보이든 우리는 끝까지 지켜보고 있어야 되겠다' 그런 생각을 했었죠.

면담자   들어가서 너무 가까우니까 마음이 많이 아프셨잖아요, 안타깝고. 그래도 동거차도에서 감시하시면서 이거는 좋았다 그런 점이 있으셨는지 좀 여쭤볼게요.

형준 아빠   동거차도에 갔다 와가지고 좋은 점은 솔직히 없었어요, 좋았다는 점은.

면담자   네, 그렇죠.

형준 아빠   누구 말대로 놀러 갔다고 그러면은 그런 경험을 한다고 그러면 그거는 좋았을 수가 있죠. 그렇지만 그런 경우가 아니니까 솔직히 좋은 점은 없었어요. 그냥 내가 할 수 있는 건 하는 거고 그러는 거지 좋았던 기억은 없었던 거 같아요, 동거차도에서. 항상 좀 힘들었고 우리 9월 달에 갔을 때 산에 올라가서 알지만 산모기가 엄청 났었고.

면담자   그리고 올라가기가 생각보다 가파르죠.

형준 아빠   그래 가지고 솔직히 좋은 기억은, 항상 고생은 많이 했지만은 어쨌든 우리가 해야 될 거고. 그래서 좋은 기억은 없어요, 솔직히 동거차도에 갔다 와서.

14
민중총궐기대회

면담자   오늘 마지막 질문으로는 2015년 11월 14일, 민중총궐기대회 때 백남기 농민이 뇌사상태에 빠지셨던 그 집회였거든요. 그때 이야기 부탁드리겠습니다.

형준 아빠   그 시청 앞에서 했었죠, 집회를. 시청 앞에서 하고 광화문이 다 막혀 있었죠, 그때는. 그래서 행사를 마치고 행진을 시작하면서 우리는 광화문으로 "일단 광화문으로 모이자". 우리는 항상 광화문으로 가야 되니까 "광화문으로 모이자" 그래서 지하철을 탔죠. 지하철을 타고 광화문역에서 내렸어요. 내렸더니 출구가 봉쇄가 된 게 아니고 1차 올라가는 데부터 계단서부터 다 봉쇄가 됐더라구요. 봉쇄가 되고 우리 가족들하고 그때 시민들하고 같이 내렸는데 다 봉쇄가 되고 그다음부터는 광화문역에 무정차가 돼버린 거야. 무정차가 돼버리니까 우린 일반시민들하고 전부 다 거기서 꼼짝도 못 하고 다 갇힌 거죠, 완전히. 고립된 거야, 지하철 그 역에서.

그래서 온 사방 왔다 갔다 하면서 출구를 찾았는데 결국은 막혀 있었죠. 막혔는데 경찰 애들이 다 해가지고 시민들은 한 사람씩 보내주더라구요, 일반 시민들은. 나중에는 지하철역에 남은 게 우리 가족들만 남았어요. 가족들만 한 20여 명 남아가지고 역 직원이 와가지고 "어떻게 하겠냐?" 거기 보면 그 세종문화회관 뒤쪽으로 나가는 엘리베이터가 있어요, 엘리베이터가. 그 엘리베이터를 타고 올라가라고 하더라구요. 그러냐고 갔어요. 가가지고 1차 타고 일부가 타고 일부는 못 타고 그랬는데, 나도 못 올라갔어. 그러고 내려와야 되잖아요? 내려오는데 경찰 애들이 꽉 차가지고 거기서 딱 내려오는 거야(한숨). 1차적으로 가족들이 올라가고 2차로 올라가려고 하는데 경찰들이 꽉 차서 내려와 가지고 거기서부터 막힌 거죠. 그래 가지고 한참 와서 엘리베이터도 못 타고 저기는 다 막혀 있고 그걸 어떻게 해.

그래서 다시 협상을 했죠, 지휘관하고. "자 봐라" 가족들이 "여기 봐라, 지금 한 열맷 명밖에 안 남았다. 이 사람들이 뭐가 무서워서 못 해주냐. 한 번만 더 올라가자". 안 된대, 자기들은 못 한대. 그래서 한참을 거의 2, 30분을 실랑이를 했어요. 실랑이를 하니까 자기들도 보기에 가족들이 진짜 한 열몇 명밖에 안 남은 거지. 자기들은 한 50명이서 입구 입구마다 다 앞에서 막고 있으니까.

그래서 올려 보내주더라구요. 그래서 올라가니까 그 주위로도 경찰들이 꽉 차 있더라구요. 그래서 민중총궐기대회가 저게 분리가 딱 된 거 아니에요, 우리 가족들하고 그쪽하고. 그러니까 광화문 광장에는 우리 가족들하고 또 일부 시민들하고 어느 정도만 있고 광화문 아예 못 들어오게끔 다 막아놨으니까. 그리고 광화문 광장 우리 세월호 텐트 그쪽에서 농성을 하고 있었고 거기서 전부 다 지켜보고 있는데 갑자기, 그… 바로 길 건너에선 계속하고 있었고 우리도 여기서 소리 질러주면 거기서도 대답하고 그런 식으로 양쪽에서 저거[호응] 하고 중간에는 벽차, 방패벽차가 다 가려져 있고 그 앞에는 차량으로 돼 있고 물대포가 저거[대기] 하고 있고 그러는데.

갑자기 술렁술렁하더니 누가 쓰러졌대, 물대포 맞고 쓰러졌다고 그러더라고요. 그래서[그런데] 처음에 동영상에 올라온 거는 백남기 어른이 아니었어요. 다른 사람이었어요, 다른 사람. 그때 보면 두 사람인가 물대포 직사 맞고 쓰러졌는데 한 사람은 저거 하고[일어나고] 그랬는데. 그러더니 조금 이따 백남기 어른이 그거 해[쓰러져]가지고 계속, 우리 그때 실시간으로 보고 있었으니까. 직사를 쏘고 있는 걸 쳐다보고 있으니까 진짜 저거[위험] 하더라구요. 거기다가 쉽게 말하면 빨간 우의하고 해가지고[우의 입은] 그 사람들[이] 가가지고 그거 하는데도 [쓰러진 분을 일으키는데도] 거기다가도 그냥 직수 쏴버리니까.

그래서 우리는 그걸 맞아봤잖아요. 맞아봤으니까 그 위력을 알잖아요. 그래서 실감나잖아요. 진짜 엄마들이 여기서 쏘면 저기까지 굴러 떨어지고 그러는 그걸 맞아봤기 때문에 "어휴 저거 큰일 났겠다" 우리가 그랬지. 그때 서울대병원으로 이송하고, 솔직히 이야기해서 그 당시에 그냥 가망이 없다고 이야기를 했으니까. 어떻게 보면은 백남기 어르신도 보면 거의 식물인간, 그냥 죽었다고 봐야죠. 죽었다고 봤는데 그 상황에서 만약에 그 사람이 죽었으면 너무 시끄러워지니까 어떻게든 생명 연장 장치로 해가지고 그냥 사실적으로 숨만 붙어 있게끔 만들어논[놓은] 상태였고 그러면서 물론 우리는 그 앞쪽에서 같이, 그 자리에는 못 있었지만 바로 벽 하나 넘어서 그 건너편에서 그거를 우리도 핸드폰으로 실시간으로 쳐다보면서 '어떻게 저렇게까지 물대포를 쏠 수 있는가? 완전 사람을 죽일려고 작정을 했구나'.

그리고 그때도 그 자리에서 국가폭력, 경찰들의 과잉 진압, 저렇게까지도 하는구나. 하기야 옛날에는 그것보다 더 했으니까, 옛날에는 곤봉으로 막 머리 깨지고 두드려 깨지고 막 했을 때니까. 어떻게 보면 우리나라도 시위 문화가 많이 변해 있는 건 사실이고 진압도 옛날처럼 많이 그렇게까지는 안 했지만은 그 당시에 그거

보고는 너무 충격을 받았었죠. 우리가 직접 경험도 해봤고 5월 1일 우리가 집회 때 몸으로 경험했잖아요.

그러니까 그때 이야기하잖아요. 5월 1일 날 아무튼 1년 치 쏟아부을 거 다 거기서 안국역 그쪽에서 쏟아부었다고…. 그리고 민중총궐기야 그때 우리들도 같은 입장으로서 참여를 했는데 너무 단체들이 많이 했으니까 우리는 이제 그렇게 하고. 우리는 전부 다 그때 4·16 쪽에서는 전부 다 "우리 광화문으로 못 들어오게 한다, 광화문으로 뭉치자" 해가지고 광화문을 진짜 너무 힘들게, 어쨌든 광화문에 들어가 가지고 집회를 하고 있었는데 그 앞쪽에서 그런 일이 벌어진 거죠.

15
마무리 인사

면담자　　네. 오늘은 여기까지 하도록 하겠습니다.

형준 아빠　　다음에 하면 끝나겠는데?

면담자　　아니요. 그거는 봐야 알 것 같아요. 2차에서 할 내용이 아직 한 3분의 1가량 남았는데요. 그게 1시간 내외에서 이야기가 되면 3차도 연결해서 그날 마무리를 하는 걸로 하고요. 2차에 아버님이 아직도 말씀해 주실 게 너무 많으시잖아요.

형준 아빠　　그러니까 그걸 다 이야기를 하려면 너무 많은 거고.

면담자   아니요. 아버님이 기억나시는 걸 다 말씀해 주시면 저희야 감사하죠. 다음번에 2, 3차를 마무리를 할지 아니면 두 번 더 만나실지는 다음 구술을 하면서 정하도록 하는 게 좋을 것 같아요.

형준 아빠   알겠습니다.

면담자   네, 감사합니다.

3회차

2017년 4월 3일

1
시작 인사말

면담자　　　본 구술증언은 4·16 사건에 대한 참여자들의 경험과 기억을 기록으로 남김으로써 이후 진상 규명 및 역사 기술에 기여하고자 합니다. 지금부터 안재용 씨의 증언을 시작하도록 하겠습니다. 오늘은 2017년 4월 3일이며, 장소는 안산시 단원구 세승빌라입니다. 면담자는 정수아이며, 촬영자는 김솔입니다.

2
최근 근황

면담자　　　아버님, 목포에 갔다 오셨던 이야기 여쭤봐도 될까요?

형준 아빠　　　오늘 첫 주제는 그게 아니잖아요?

면담자　　　네, 그게 아닌데. 그래도 이미 발생한 사건이라 먼저 여쭤보는 게 좋을 것 같아서요.

형준 아빠　　　어쨌든 여지껏 세월호가 물에 들어간 지 3년이 다 돼가고 다시 올라온다는 걸 눈으로 지켜보기 위해서 내려간다고 그래서 내려갔다 왔죠. 내려갔는데 일단은 우리 새벽 1시에 출발을 해가지고 그쪽에 도착해서도 이게 될지 안 될지, 그날도 될지 안 될지 하다가 한참을 팽목에서 기다리다가 오늘 작업을 한다고 그래서 배 타고 들어갔었죠. 배 타고 들어가 가지고 그걸 지켜보는 시간이 너무나 길었고 항상 여지껏도 우리가 당해왔던 똑같은 식으로.

우리가 처음 계획대로 했으면은 그날 9시에 배가 올라왔어야 되는데 계획대로 계속 안 되고 계속 미뤄지고 그러면서 거기서 마냥 바다만 쳐다보고 기다리는 심정이 참 힘들었죠. 다른 부모님들도 그렇고. 그래서 그날 9시에 철수를 하자 말자[할지 말지] 투표를, 이야기를 하자. "어떻게 우리가 여기까지 왔는데 올라오는 건 보고 가야 되지 않느냐" 그래서 그다음 날까지 우리들이 있기로 이야기를 하고, 그다음 날 새벽 3시 45분인가? 그때 처음 그게 보였을 때 참 그런 게 있어요.

새벽 4시, 그러니까 우리가 내가 4시쯤, 잠깐 눈 붙였다가 4시쯤 일어나 가지고 소식을 들었는데 밖에 나가서 보면 안 보일 거 아니에요, 깜깜하니까. 근데도 전부 다 다 밖에[으로] 나가더라고. 부모님들도 밖에서 보이지도 않는 걸 쳐다보면서, 그래서 그 위에 브리지에 올라가면은 적외선 카메라가 있더라구요. 그래서 그 적외선 카메라로 선장님이 그쪽을 보여주는데. 그래서 전부 다 올라가 가지고 희미하게 올라온 그 모습을 보면서 '이제 진짜 올라왔구나'. 고생들도 많았고 우리가 그렇죠, 뭐.

너무나 힘들 때… 아이들이 떠난 그 배가 다시 물 위로 올라오는 걸 보면서… 아이러니하죠, 그런 게[걸] 생각을 하면. 슬퍼해야 될 일을 기뻐하고 기뻐해야 될 일을 슬퍼하는 아이러니한 그런 속에서, 진짜 슬프잖아요. '그런데 왜 기쁠까' 그런 생각도 나고, 1차 올라오고 그다음에 세월호가 바지선에 부닥친다고 다시 또 중단됐죠. 또 몇 시간을 기다렸죠, 거기서.

그러고 나서 우리는 그날 한 2, 3미터 올라온 것만 보고 철수를 했지만 철수를 할 때는, 물론 내가 그걸 끝까지 지켜볼 수도 있었지만 [상황이] 지켜볼 수도 없었고. 또 그 배가 우리 배가 아니고 우리가 해수부한테 하루만 지원을 받았던 건데. 그게 이틀이 됐잖아요. 이틀이 됐는데 그 옆에 우리 바로 옆에는 미수습자 [부모님]들이 타고 있던 배였는데, 미수습자는 어쨌든 끝까지 지키고 있어야 되지만 우리 배는 하루밖에 지원을 못 받았는데 그게 이제 이틀로 가니까 부식도 우리가 가져간 부식도 없지만, 그래서 그 배에 있는 부식까지도 다 우리 가족들이 같이 먹고 그러니까 부식도 다 떨어지고. 그리고 그 배도 입항을 해야 된다고 그래 가지고 철수를 했는데, 거기서 또 [인양하다가 중단되는] 문제가 생기는 바람에 언제까지 끌지를 모르니까 거기서 그냥 철수를 했죠.

그다음 배가 한 3미터 정도 올라온 상태[에서 거기]까지는 봤지만, 그래도 다는 올라오지 않았지만, 그래도 진짜 그 배가 뭍으로 아니 물 밖으로 나오는 거를…. 우리가 인양 결정이 되고 동거차도에서 감시활동을 한 게 벌써 작년, 재작년 8월이 돼버리니까 그게 1년 이상을 산 위에서 물만 바라보다가 세월호가 올라왔다는 그거를 생각하니까. 그러고 나서 다 철수를 했어요. 참… 힘든 이틀이었고 어쨌든 그것이 힘은 들었어도 모든 부모들 다 이야기하는 게 "올라오는 걸 봐야 되질 않느냐?" 그래서 올라오는 거 보기 위해서 이틀간을 거기 있었고, 힘들었지만 그래도 세월호가 올라왔다는 거에 대해 안도의 한숨을 쉬고 그리고 철수를 했죠.

면담자   그다음엔 목포 가신 가족분들과 연락하면서 상황 같은 건….

형준 아빠   상황 같은 건 우리가 뉴스도 그렇고 항상 밴드나 페이스북이나 전부 다 올라오니까 상황들은 항상 공유하고 있는 상황들이니까. 물론 공유는 하고 있지만은 올라와서도 거의 인터넷 앞에서 컴퓨터 앞에서 상황들을 다 체크하고…. 일이 안 되더라고요. 일도 안 되고 사람이 몸이 축 쳐져가지고 힘이 하나도 없이 뭔가에 대해서 아무것도 하기가 싫고 그 상황만 쳐다보고 있었으니까. 마음이 너무 힘들면 몸이 힘들어진다고 그게…, 그래서 이번에도 목포 신항에 갈 때도 가려다가 또 다른 일이 있어 가지고. 그리고 목포에서 시작은 이제부터 [또 시작이고] 또 언제까지 갈지도 모르는 시작이니까, 언젠가는 조만간 세월호가 육지에 올라오면 또 감시활동 하러 내려가야 되고. 지금 현 상황은 그렇습니다, 배에 대해서는.

3

참사 2주기 기억식 및 범국민 촛불문화제

면담자　저번에 못 했던 2차 나머지 질문을 드릴게요. 2016년 1월 10일에 겨울방학식 참여하셨던 이야기 부탁드리겠습니다.

형준 아빠　겨울방학식 참여 안 했다니까요.

면담자　아, 네. 그러면 4월 16일 참사 2주기 기억식 및 범국민 촛불문화제 말씀 좀 해주시겠어요?

형준 아빠　4월 16일이 참사 2주기였고.

면담자　네네, 그때도 안산에서 기억식.

형준 아빠　안산에서 기억식을 하고… 지금은 우리가 하늘공원이나 어디를 가더라도 부모들의 생각이 조금씩은 틀리는 거[다른 것] 같아요, 그 이야기를 꺼내면. 아이들의 마지막 날을 4월 16일로 한 사람들이 대부분이고 나머지는 올라온 날로 한 게 대부분인데 우리는 4월 16일을 아이의 마지막 날이라고 그렇게 정했었고. 기억식 날 이제 안산에서 했었죠, 안산에서 했었는데.

면담자　그때 대형 탈이나 이런 거 쓰는 사람, 정치인들도 막 오고.

형준 아빠　네. 안산에 기억식 끝나고 안산 한 바퀴 삥 돌아서… 다 참여는 했었죠. 근데 모르겠어요, 아이들을 기억한다는 거. 기억식에… 참여를 하고 있지만은 기억식 행사를 하고 범국민, 안산 추모 해가지고 전부 다 안산시를 행진하고, 서울로 가가지고 범국민촛불, 범국민행사도 하고 했지만은 어떨 땐 그런 생각도 들어요. 아이는 떠나고 없는데 물론 그것을 기억하기 위해서 참 많은 사람들이 우리하고 함께해 주지만은, 기억식을[이] 끝나고 막바로 잠깐 남은 시간 동안 아이 보러 가가지고 아이 앞에서 보고 그러면, 조그만 음식들 장만해서 아이 보러 가고 그러는데… 제일 힘든 게 그거예요. 항상 이야기하는데 부모들이 아이 간 날을 기억해 가지고 [가가지고] 아이들을 보러 가고 힘들게 간 아이들, 부모도 힘들고. 뭔 행사는 아닌데 그게 좋은 저것[일]도 아니고.

면담자 　　　그렇죠. 행사라고 하기엔.

형준 아빠 　　그러니까요. 그렇습니다, 하여튼 4월 16일이.

면담자 　　　네. 그럼 그날 기억식에 참여하시고 광화문에도 가셨고 그때 비도 많이 오고.

형준 아빠 　　비야 항상 많이 왔죠, 그런 행사 때마다.

면담자 　　　그날 특별한 기억이나 그런 건 없으신지.

형준 아빠 　　특별한 기억은 없습니다.

4
제적처리 원상복구를 위한 농성

면담자   네. 희생 학생 제적처리 원상복구를 위한 농성을 9일부터 15일 정도까지 하셨거든요. 그 이야기 좀 부탁드릴게요. 경기도교육청과 단원고에서 학생들을 1월 12일 날짜로 제적처리를 해서.

형준 아빠   그러니까 우리가 분명히 교육청에서 이야기할 때는 분명히 제적처리 안 하기로 했었고, 현재 쉽게 이야기해서 우리 아이들 아직 사망신고도 안 한 상태였고 그러니까 우리는 그냥 아이들이 아직까지 그대로 있기를 바랐고. 학교에서도 항상 학적부에 그대로 있는 줄 알고 있었는데, 우리는 졸업을 안 했었잖아요. 졸업을 안 했는데 제적처리는 다 돼 있고. 이재정 교육감은 분명히 우리들을, 가족들을 만나가지고 이야기할 때는 "그런 일이 절대 없을 것"이라고 이야기했었는데 너무 황당했었죠.

황당해서 그날 전부 다 학교로 몰려갔었죠. 학교로 몰려가 가지고 학교에서 이야기하면 학교에서는, 어쨌든 우리가 항상 단원고를 방문[을] 하지만은 단원고는 아이들이 있[었]을 곳이 아니었어요. 거기는 교육의 장이 아닌 것 같아, 우리가 봐서는. 아이를 마지막 보낼 때부터 단원고, 첫날 사고 났을 때부터 단원고 갔을 때, 마지막 [아이] 보낼 때 단원고에 갔을 때, 중간중간 우리가 단원고 갔을 때 거기는 아이들을 가르치는 교육의 장이 아니야. 자기가 가르

치던 제자들, 아무리 학교행정상 그렇다지만 선생들이 그렇게 할 수는 없는 거 같았어요.

그런 거를 전부 다 기억하고 알고 있는데 그런 사건이 터지니까 진짜 가가지고, 어차피 그게 처음엔 안 된다 그래도 나중엔 돌려놨잖아요. 돌려놨을 때는[돌려놨다는 건 제적처리가 꼭 필요한 게 아니었다는 거잖아요]. 돌려놓기 전에 먼저 할 수 있는 방향을 찾아가지고 해놨으면은 서로가 이야기가 없었을 거 아니에요. 왜냐하면 학교에서도 그런 거를 인식을 했어야 될 거고 그러면 어떻게 할 수 있는 방안을 찾아가지고, 아니면 방안을 못 찾았으면 가족들한테 이야기를 해가지고 이래이래 해가지고 "도저히 힘들다" 이야기를 해줘야 하는데 그런 이야기도 한마디 없이.

그래서 며칠간 거기서 농성을 벌이면서 교장은 와가지고 "나도 힘들다" 소리쳐 가면서, 그럴 때는 과연 부모들 거기 진짜 앉아 있는 부모님들은 안 힘들어 가지고 할 일이 없어가지고 시간이 남아가지고 거기서 농성을 하고 있었겠느냐 이거죠. 교장은 우리 부모들 앞에 와가지고 "나도 몸이 너무 아프고 힘들다. 나도 할 수 있는 데까지 다 했는데 이것밖에 안 됐다". 할 수 있는 데까지 다 한 게 아무것도 없잖아요.

어떡하면[하든지] 지울라고 그러고 어떡하면[하든지] 덮을라고 그러고 빨리 끝낼려고 그런 형태[행태]를 보면서 거기가 과연 우리 아이들이 다녔던 학교인가. 우리 아이들을 전부 다 말로만 기억해 준다고 그러고 항상 생각해 준다는 그런 학교가. 그 학교의 학교장

154

형준 아빠 안재용

이나 교무처장이나 전부 다 우리한테 부모들한테 대하는 행동을 보면서 '과연 이곳이 우리가 아이들을 보낸 학교인가. 우리 아이들이 여기서 무슨 추억을 갖고 있었겠는가' 그런 생각도 들면서.

어쨌든 부모들이 그렇게 해가지고 다시 그… 별거는 아니에요, 솔직히. 아이들이 없으니까 제적처리 될 수도 있어. 됐다고 쳐. 과연 무슨 의미가 있어. 아이들은 떠나고 없는데 의미는 없잖아요. 의미는 없지만 그래도 아직까지 우리 부모들 입장에서 아이들을 마음속에서 보냈다는 생각을 못 하고 있는데. 그래서 하여튼 그날의 행동들은 그렇게 끝났었죠. 그래 가지고 어쨌든 원상 복귀는 시켜놨었고.

면담자　　　제적처리가 됐다는 건 처음에 어떻게 아셨던 거예요?

형준 아빠　　그날 막바로 우리 밴드에 전부 다 올라왔었죠. 밴드에 올라와 가지고 그래서 이제.

면담자　　　그러니까 학교에서 알려줬을 리는 없고.

형준 아빠　　학교에서 알려줄 일은 없었고 우리 부모 중에서 누가 그거를 혹시나 해서 한번 떼어봤다 이거죠. 그거를 떼어봤는데.

면담자　　　아, 학적부를.

형준 아빠　　응. 학적부를 떼어봤는데 거기에 제적처리가 되[어] 있으니까 과연 이게 무엇이냐 해가지고 우리 가족 밴드에 올리고 뜨면서 제적처리 된 거를 전부 다 알고.

면담자   그래서 가족분들이 단원고로 바로.

형준 아빠   그렇죠. 처음엔 [아무 계획 없이] 그냥 가가지고 어쨌든 뭔가는 [해야 하니까]. 왜냐하면 그 당시가 우리가 그 전까지 학교에, 교육부에다가 전부 다 교육부에 피케팅하러 다니고 그랬을 당시였는데 그러니까 너무 완전 배신을 당했다는 그런 게 더 가슴에 남는 거죠.

면담자   그때 교장선생님 말고 이재정 교육감도 왔었나요?

형준 아빠   이재정 교육감도 왔었죠.

면담자   와서 면담 같은 것도 하고.

형준 아빠   그러니까 이재정 교육감도 나중에는 원상복구 해주겠다고 그렇게 이야기했었고.

면담자   좀 특이한 일이라든가 아니면 어떤 상황이나 이런 건 없으셨는지요?

형준 아빠   항상 당하는 게 너무 많이 당하다 보니까 뭐가 특이한지를 몰라. 그 자체가 너무 특이한 상황이지만은, 우리한테는 이게 우리가 항상 당했던 일이니까 특이한 상황도 그냥 우리는 '아, 원래 이렇구나' 하고 넘어가니까. 자꾸 특이한 상황이나 그런 게, 물론 우리가 콕 찍어가지고 이야기를 해줘야 되겠지만.

면담자   아니요.

형준 아빠   그게 어느 만큼 뭐가 특이한 건지를….

면담자   사실 특이한 경험이라고 했지만 더 가슴 아팠던 그런 일들이 있으셨는지 여쭤봐야 되는데 그게.

형준 아빠   아니, 항상 가슴 아파 있어요.

면담자   그러니까요, 그래서요.

형준 아빠   가슴 아파 있고 그러다 보니까. 내가 보니까 구술증언 이야기를 하다가도 항상 생각나고, 우리가 이제 내가 구술증언 이야기를 하면서 남들이 생각하기에는 '진짜 참 저런 일을 했을까?' 그렇게 이야기를 하는데 우리는 그게 당연할 걸로 이야기를 하다 보니까 거기서 더 특이한 이야기를 물어보면은 도저히 생각이 안 나요.

면담자   네, 죄송합니다. 아버님 그러면은 그 이외에도 2014 년도부터 성남이나 춘천 등 간담회도 다니셨잖아요. 간담회와 관련해서 기억나시는 거 있으시면 말씀해 주세요.

형준 아빠   아까 그 특이한 점이라는 게 있는데.

면담자   네. 기억나시는 거 있으면 다 말씀해 주세요.

형준 아빠   이제 그러면서 우리가 거기 있을 때 교실을 뺀다고 그랬잖아요. 교실을 뺀다고 그랬고 제적처리를 하고. 제적처리 때문에 우리가 농성을 한 게 아니고 제적처리와 맞물려서 교실을 뺀다고 그래서 농성을 했기 때문에 우리 가족들은 학교 앞에서 농성을 하고 있었고 일반 나머지 학부모들의 학부모 총회가 있었죠. 학부모 총회가 있었는데 거기서 몇몇 사람이 와가지고 자기들 임의대로 물건을 빼기 시작했죠, 학교에서 교실에서. 교실에서 빼기 시작했는데 거기서, 저도 올라가서 막았죠, 부모들이 빼는데.

그러면서 거기서 작은 다툼이 있었는데 제가 분명히, 지금은 기억도 잘 안 나는데 그때에 "왜 빼느냐"고 그랬더니 "희생자들 것만 놔두고 나머지는 뺀다"고 그러더라구요. "생존 학생 거하고 해서는 뺀다" 그러면서 빼고 있더라구요. 그래서 중간에서 막아서. "내려놓아라. 내려놔라" 그랬더니 학부모 간부들은 "우리는 빼겠다" 그리고 우리는 "못 빼게 하겠다" 그리고 "누구 허락받고 빼느냐"고 그랬더니 "학교장이 빼라"고 그랬다고 해가지고 "그러냐, 학교장 불러오라"고. 그래서 소리 지르고 언성을 높여가면서 큰소리로 학교장 불러오라고, 허락해 준 사람 데리고 오라고. 어디서 그딴 것을…. 하여튼 난리가 났어요.

재학생 부모들 수십 명이 올라와 가지고 학교 안에 교실 안에 들어가서 물건을 빼고 할 때, 우리 가족들이 거기서 또 올라가 가지고 막아서면서 학교장을 불러오라고 그랬더니 안 오더라고요. "그거 건들면 다 죽여버린다"고 그래서 거기서 전부 다 스톱이 됐죠. 스톱이 되면서 운영위원장이, 밑에선 학교 운영위원장하고 우리 부모들하고 몸싸움도 있었고.

참… 저는 항상 물론 가족들에게, 재학생 가족들한테도 물론 미안하죠. 미안하지만 항상 하고 싶은 게 그게 있어요. 같이 울어주고 같이 슬퍼해 줬던 사람들 아니에요. 같이 울어주고 같이 슬퍼해 줬던 사람들인데 과연 그들한테 우리가 무엇을 잘못했고 그 학생 애들한테, 면학 분위기를 망친다고 그러고 아이들의 학사일정을 망친다고 그러는데 과연 남겨진 교실이 남아 있는 학생, 그게 과연 아이들한테 혐오의 시설이 될 수 있을까?

아이들은 항상 기억하고 싶고 남아 있는 아이들도 기억하고 싶은데, 부모들이 나서 가지고 그거를 다 빼야 된다 말아야 된다. 남아 있는 학생들한테도 힘들고 먼저 간 아이들한테도 힘들고 그런 거를 부모들이 또 하고 있다는 거예요. 그래서 그날은 제적처리가 문제가 아니고 교실을 강제로, 재학생 부모들이 교실을 강제로 빼려고 했던 게 그랬죠.

면담자   그렇죠. 그리고 그 이후에 몇 번 더 서로 이야기도 하시고 그러다 결국 8월 6일에 [4·16]기억교실 이전을 하게 되죠.

형준 아빠   결국 그랬죠.

면담자   네, 교육청으로 이전을. 그때는 기록물 정리 하러는 안 가셨어요?

형준 아빠   네.

5

전국 간담회

면담자　　　네. 아버님 간담회 다니셨던 경험 말씀 부탁드릴게요. 그냥 생각나는 대로 말씀해 주시면 돼요. 어떤 일이 있었고 어떤 감정이 드셨고.

형준 아빠　　　간담회를 우리가, 그렇잖아요. 처음부터 이 이야기 나왔던 게 간담회를 한다는 게. 자꾸 언론에서는 세월호 지우기에 들어갔었고 방송에서도 세월호는 이야기도 안 나왔고 자꾸 엉뚱하게 보상금 이야기나 나오고. 그래서 전부 다 가족들이 만나서 "우리가 언론이 되자. 우리 스스로가 우리가 사회로 뛰어 들어가서 사람들 속에서, 알고 싶어 하는 사람 틈에서 우리의 현실을 알리자" 그리고 나서 간담회를 시작했었죠.

참 많은 곳을 간담회를 다녔는데, 또 남자다 보니까 엄마들이 다니는, 엄마들은 가까운데 다니고 우리 아빠들은 간담회를 멀리를 많이 갔었죠. 그것도 전라도 쪽에 많이 갔었는데 산청에를 한번 갔었어요, 산청이라고 있는데 성호 아빠하고 이야기 들었을 거예요. 성호 아빠하고 해가지고 성호 아빠, 엄마하고 나하고 우리 애 엄마하고 그리고 창현이 엄마하고 산청에 간담회를 갔었죠. 간담회를 갔었는데 최고 기억나는 게 거기도 애들 저거를[분향소] 해놓고 기도회를 1000일 기도인가를 한다고 하더라고요. 그러면서 그걸 기획한 사람들하고 첨에 점심을 먹는데 산청에 그… 성호 아빠한테 들었을 건데 그 대안학교 뭐죠?

면담자   간디학교?

형준 아빠   아, 간디. 간디학교 선생님하고 처음에 간담회 첫날 간담회 하기 전에 우리가 산청 도착해서 같이 점심을 먹으면서 하는 이야기가 "이렇게 오셨으니까 그다음 날 산청에 간디학교에[서] 와가지고 간담회를 좀 해줬으면 어떻겠느냐" 그렇게 이야기를 하더라고요. 그래서 처음에 전부 다 안 한다고 그랬어요. 성호 아빠하고 전부 다 안 한다고 그랬는데. 왜냐하면 간담회를, 그때는 간담회 초기였으니까 간담회 할 아이들이 전부 다 고등학교 1, 2, 3학년들이고 학생들을[과] 이야기를 해서 간담회를 하니까 '참 힘들겠다'[는] 생각을 했어요.

그래 가지고 같이 다시 이야기를 해가지고 "우리가 간담회를 와가지고 어차피 알리러 온 거고 우리가 좀 힘들지만은 그래도 그다음 날까지 해가지고 우리가 간디학교를 가자" 그래서 전부 다 부모들[을] 설득해 가지고 그다음 날 간디학교로 가기로 했었죠. 그래서 그날 저녁에 간디, 아니 산청에서 간담회를 마치고… 간담회가 아니죠. 그때는 간담회가 아니고 문화제를, 행사를 하는데 저희가 거기에 초청을 받아가지고 발언을 하고 그러고 나서 간담회. 간디학교를 갔을 땐데 아이들하고 같이 그 이야기를 한다는 거, 우리 아이들 같은 친구들을.

우스운 이야기로 우리가, 아이들이 앉아 있는데 딱 봤는데 한 아이가 눈에 확 들어오더라고요. 그 아이를 딱 보면서 준혁이하고 똑같어, 얼굴이. 그래서 전부 다 이야기하기를 "야, 저거 [저 애] 봐라. 준혁이하고 얼굴이 똑같다" 그렇게 그러면서. 만약에 준혁이 엄마가 거기 앉아 있었으면은 어땠을 거 같은가…. 근데 간담회를 하면서 간디학교 아이들하고 좋았던 점이 그 전까지만 해도 대안학교라는 게 우리들의 인식에는 좀 안 좋았어요. 대안학교가.

면담자 　　　문제 있는 아이들만 가고.

형준 아빠 　　　응. 문제 있는 애들이 그런 식으로, 대안학교가 참 안 좋았는데 거기 가가지고 아이들을 만나보고 이야기를 같이하다 보니까 진짜 교육이라는 걸 이렇게 시켜야 되는 게 교육이 아닌가. 우리가 시키는 교육은 너무나 경쟁에만 뛰어들게끔 하고 그러니까. 그래서 간디학교를 갔다 온 건 진짜 참 좋았어요.

또 성호 아빠는 거기 갔다 와가지고 거기 아이들 책 보내기도 했었고. 그리고 성호 책도 보내고 성호 저것도 했었고 하여튼 거기 갔다 와서 아이들이 간담회 다 끝나고 나서 전부 다 같이 엄마, 아빠… 한 번씩 안아주고 갈 때는… 참 힘들었죠. 그러는 광경은 참 힘들었어요. 전부 간담회를 다닌 지 얼마 안 됐을 때인데 그런 거를 겪다 보니까 엄마들도 힘들고 아빠들도 힘들고… 그리고 그쪽에서는 아이들을 위해서 아니 이 세월호를, 이 사회적인 문제에 대해서 자기네들도 단식도 같이, 릴레이 단식을 해가면서 전부 다 한다는 게 '산청, 멀리 산골짜기까지도 그래도 우리 아이들을 잊지 않고 항상 기억하고 있구나' 그랬죠. 우리가 간담회를 해가지고 사람들한테 알리러 갔지만 오히려 감동을 우리가, 부모들이 더 받고 온 거 같더라고요. 그래서 제일 기억나는 간담회가 산청 간담회였고.

그다음에 기억나는 간담회는, 너무 많이 다니다 보니까. 목포에 이제, 목포에도 1박 2일 해가지고 간담회를 그… 조선대학교하고 전북대인가? 아니… 목포 아니고 광주. 광주… 그 대학교[전남대] 갔는데 첫날 갔더니 거기 일용노동자들하고 간담회를 하는 강당에 한 500명이 앉아 있더라구요. 간담회를 하더라도 그렇게 많은 인원이 앉아 있는데서 강의를 한다는 건 좀 어렵지, 어려운데. 그때 우리 같은 반 하용이 아빠랑 둘이서 갔었는데 30분씩 시간을 주더라고요. 그런데 이제.

면담자 기네요.

형준 아빠 길죠? (면담자 : 네) 네. 30분씩 시간을 주고 1시간을 하라고 그러는데. 뭔 주제 없이 이런 식으로 우리가 여지껏 지냈던 일들을, 우리가 느꼈던 그런 거를 거기서 같이 이야기를 하면서 또 그 사람들은 우리 말 깊이 들어주고. 그리고 우리 아이가 팽목에서 마지막 올라온 거 그 이야기를 했을 때는 거의 한 500명들이 전부 다 울고, 그러면서 30분이라는 시간을 어떻게 하다 보니까 거의 한 45분은 했나 봐요, 혼자서. 하용이 아빠도 또 그렇게 하고. 하여튼 그러면서 간담회를 마쳤는데, 마치고 그다음 날 또 다시 전남대에서인가 거기 또 간담회가 있어 가지고.

우리는 항상 전라도 쪽으로 가면은, 1박 2일 가면은 저녁에 항상 그래요. 그때까지만 해도 아직까지 진도체육관에 있는 사람들이 남아 있었으니까. 그래 가지고 거기로 다시 또 가죠, 밤에. 저녁에 가서 거기서 자고 아침에 올라와 가지고 또 이야기하는데. 점심을, 아니 저녁을 먹는데… 그날이 지현이가 올라온 날이에요.

면담자   아, 황지현.

형준 아빠   네, 황지현이. 지금 현재 마지막. (면담자 : 네, 마지막 올라온) 네. 지현이가 올라온 날이라 가지고 그날 또 목포, 다시 진도 내려가 가지고 같이 이렇게 있어주고. 나는 진도체육관을 몇 번을 이렇게 왔다 갔다 했었는데, 나는 갈 때마다 내가 갔을 때마다 거의 한 세 명이 올라왔어요. (면담자 : 아이들이) 네. 거의 제일 마지막에 올라온 건 지현이, 그다음에가 그 누구였더라. 그다음에 하나 그다음에 그 바로 전에 중근이 (면담자 : 안중근) 어, 그런 식으로 전부 다 갔을 때마다 한 명씩 올라오더라고요. 그래서 사람들이 "아버님, 아버님이 자주 내려와야 되겠네요" 그런 이야기까지도 들었고. 어쨌든 그래도 갔을 때 아이들이 올라왔으니까 진짜 참 좋더라고요. 간담회를 다니면서도 간담회에서도 좋았고, 또 그러면서 목포 갔을 때 내가 그 시간에 거기서 같이 있었다는 것도 참 좋았고.

면담자   그렇죠. 서로 힘이 돼주고.

형준 아빠   간담회… 이제 생각나는 게 완주에 보면, 전북 완주에 보면[있는] 생협[생활협동조합]에 갔어요. 간담회 초청을 받고 가가지고 생협 사무실에, 쉽게 이야기해서 생협 직원, 아니 같은 회원들끼리 거기서 뜨개질 하고 뭐 하더라고요. 황당하게 딱 들어가가지고 이렇게 앉아서 회원들이랑 같이 있는데 회원들은 우리가 누구인지도 모르고 왜 왔는지도 모르고 간담회라는 장소가 있었는지도 몰라요. 그러고 앉아 있었던 거예요.

그 사람들은 다른 일 때문에 와가지고 앉아 있는데 나중에 우리가 즉석에서 소개받고 간담회를 시작했는데 준비가 전혀 안 된 상태에서 간담회를 했었죠. 그 방에서 앉아가지고 한 30명, 한 2, 30명 해가지고 앉아가지고 간담회를 했는데, 거기서는 전혀 준비가 안 된 상태에서 간담회를 했었잖아요. 그 사람들도 뭔가들 생각도 없이 왔었고 그래서 거기서 이야기를 하는데, 진지하기는 그 간담회가 최고 진지했어요. 왜냐하면 그쪽에서도 우리가 '가족들이 왔다'는 생각도 안 했었고 거기서 우리가 "세월호 가족이다" 그랬을 때 전부 다 놀래가지고.

그러고 나서 거기서 서로가 간담회를, 그냥 좌담식이죠. 서로 왔다 갔다 이야기하면서 했는데, 이야기를 하다 보니까 그 사람들이 우리 가족들보다 더 많이 알고 있어. 그 사람들이 더 많이, 그런 사람들이 많더라고요. 그러면서 그 사람들이 전문적인 질문들을 하고 있을 때, 우리들도 많이 알리려고 다니고 하지만 여기[세월호 참사]에 관심을 많이 가지고 있고 여기에 대해서 우리 세월호에 대해서 진짜 많이 생각을 하고 많이 관심을 가져주는구나. 그래서 예고도 없이 간 간담회에서 진짜 너무 많은 걸 얻고 그랬죠.

그러고 제일 힘든 간담회는 제가 경기도 성남에, 성남에[서] 간담회를 했는데 거기는 간담회 장소가, 그런 건 간담회라고 하기에도 좀 그렇고 강연이라고 그러기도 좀. 왜냐하면 항상 강당에서 하니까, 하는데 거기가 옛날에 우리가 처음에 세월호 사건이 터졌을 때 전국 각지에서 풀뿌리 조직들이 많이 생겼거든요. 풀뿌리 조직들이 생기면서 성남에는 '성남원탁'이라고 하는 게 있었어요. 거기서 성남원탁에서 전부 다 활동가들이 모여가지고 세월호에 대해서 논의하고, 성남이 좀 강성이고 그리고 성남이 세월호에 대해서 신경을 많이 써주고 그랬거든요.

그래서 성남에도 우리 가족들이 보면 분당에 몇 번씩 간담회도 가고 우리도 그랬던 저기였는데, 내가 간 건 시민교회라고 거기를 갔었는데, 시민교회라면 내가 성남에 살아서 옛날부터 시민교회가[를] 좀 알고 있어요. 성남에서 좀 강한 사회활동을 하는 사람들이 모이는 자리가 시민교회거든요. 그 자리를 갔었는데 그 자리가 무슨 자리였냐면 성남원탁이 성남시 세월호 대책위로 바뀌면서 출범식 날 간 거예요. 출범식 날 갔으니까 세월호 활동가들이 거의 다 있던 자리였는데 거기서 사무국장이 하는 이야기가 "아버님", 그때도 내가 하용이 아빠하고 둘이서 많이 다녔거든요.

"아버님, 저희들은 지금까지 가족들의 간담회도 몇 번 했었고 모든 거 다 알고 있습니다". 모든 거 다 알고 있고, 이번에 전도 이야기했을 거야. 세월호 특별법이 그때, 세월호 특별법에 대해서 그 반쪽짜리 특별법에 대해서 이야기해 주고 앞으로의 우리 행동방향이나 투쟁방향이나 그런 걸 이야기를 해달라고 그러는데 우리는 전문적인 강사가 아니었잖아요. 우리는 항상 사람들 앞에 설 때는 세월호에 대해서 우리가 가족들의 현재 경험에 대해서 그런 걸 하는데. 그걸[우리의 경험을 이야기]하려고 했더니 전문적인 그걸[내용]로 이야기를 해달라는데, 처음에는….

우리가 머릿속으로는 다 알고 있어요. 머릿속으로는 알고 있는데 그걸 표현을 한다는 게 참 힘들더라구요. 그래도 어떻게든 왔으니까 거기서 간담회를 계속 진행을 하면서, 항상 질문도, 질문이 들어오는 것도 전부 다 그런 쪽으로 들어오니까. 왜냐하면 다 활동가들이다 보니까 그런 쪽으로 질문들을 하고, 그래서 어쨌든 하는 데까지는 하고. 간담회를 하면서 내가 정 진짜 몰랐을 때는, 그때 우리 4·16연대[4월16일의 약속 국민연대] 배서영 사무처장하고 같이 갔었는데, 진짜 모르는 거는 배서영 사무처장한테 인계를 해서 "여기에 대해서 설명 좀 해주라" 그러면서 간담회를 했었는데.

어쨌든 간담회 다니면서 참 힘들었던 그게 거기인데, 그래도 어쨌든 진행은 다 했어요. 진행은 다 하고 했는데 그런 문제가 좀 있더라고요. 왜냐하면 우리가 전문적인 강사도 아니고 전문적인 지식을 가지고 있는 것도 아닌 상태에서 세월호 특별법, 우리가 싸우고 뭐 하고 어쨌든 시행령이니 뭐니 전부 다 싸우지만 거기에 대해서 특별한 지식이 있는 것도 아니고. 그리고 그거를 항상 기억하고 있는 것도 아니고 우리는 우리 몸에 와닿으니까 싸우는 거고, 우리 몸에 와닿는 대로 행동하는 거지. 그래서 그런 거에 대해서는 간담회가 좀 힘들고, 그런 쪽으로는 많이 좀 힘들어지고 그러더라고요.

그러면서 그렇게 쭉 다니다가 어느 순간 그런 생각이 들더라고요. 사람은 물론 알리긴 알려야 되는데… 똑같은 이야기를 자꾸 반복해서 이야기하고 할 때는 내 마음이 힘들어지더라고요. 마음이 힘들어지고 그래서 그다음부터 간담회를 조금씩 자제를 했었죠. 간담회를 자제[를] 하고 있는데 〈나쁜 나라〉가 나왔잖아요. 그러면서 또 그게.

면담자　　영화 시사회를 하시게 되었군요.

형준 아빠　　그러면서 또 거기로 옮기게 됐었죠. 영화 시사회 같은 거 하면 그쪽에 몇 번씩 가고 특별한 때, 그다음부터는 엄마들이 거의 자주 갔다 오니까. 가까운 데는 엄마들끼리 가는데 멀리 간다고 그러면 힘들잖아요. 그래서 제가 운전해 준다고 생각을 하고 항상 엄마들을 태우고, 좀 멀리 나갈 때는 거의 엄마들[을] 태우고 자주 가가지고. 말은 이제 가가지고 그러죠. "저는 오늘 기사로 왔습니다. 저한테는 이야기하지 마십시오". 그렇지만은 또 막상 무대에 올라가면.

면담자　　그렇죠, 말씀하시게 되죠.

형준 아빠　　서로 이야기해야 되고 그렇죠. 그래서 하여튼 간담회를, 물론 많이 사람들한테 알리고 해야 되지만은 정작 그걸 하고 있는 본인한테는 너무 많은 힘이 들더라고요. 정신적으로도 그렇

형준 아빠 안재용

고 자꾸 그걸 반복해서 똑같은 걸 떠올려야 된다는 것에 대해서는. 그래서 요 근래에는 좀 많이 자제하고 있고 많이 안 다니고 있죠.

면담자　　　하용 군 아버님이랑 많이 다니셨던 특별한 이유가 있으셨는지요?

형준 아빠　　　처음에는 성호 아빠하고 다녔었죠. 성호 아빠하고 몇 번 다니다가 그다음에 하용이 아빠가 자기도 좀 다니고 싶다고 그러더라고요. 그런데 간담회를 거의 한 명 내지 두 명 정도 이렇게 요청을 하는데. 그래서 하용이 아빠가 가고 싶다니까 저는 하용이 아빠한테 "같이 가자" 그래 가지고. 워낙 그때는 간담회가 너무 많았으니까, 너무 많으니까 사람들이 다 뭉쳐서 못 가고 흩어져서 가다 보니까 하용이 아빠하고 둘이서 가게 됐는데. 항상 보면 그때 간담회를 배분해 주는 분이 있었는데, 같은 반이니까 4반은 하용이 아빠하고 나하고. 이렇게 전화가 오면은 "가실 거죠?" 그러면 "예" 그러면 그러고서 보내주는 게 전라도 광주, 목포, 순천. 그래서 하용이 아빠하고 붙어 다녔고. 왜냐하면 본인 차들을 끌고 왔다 갔다 해야 되니까, 그래서 하용이 아빠하고 많이 다녔었죠.

면담자　　　간담회 하시면서 질문도 좀 많이 받으셨을 텐데요.

형준 아빠　　　질문 많이 받죠.

면담자　　　그럼 혹시.

형준 아빠　　　제일 많이 받는 질문은 "어떻게 지내세요?" 그러면 저희들 항상 하는 말이 "입이 하나 줄었습니다". 제일 많이 하는 말이에요, 그게. "어떻게 지내십니까?" 부모들이 간담회에서도 항상 하는 이야기가, 부모들이 돈을 벌고 일을 할 때는 자식들을 위해서 일을 하고 돈을 버는 거예요, 가족들을 위해서. 가족들을 위해서 일을 하고 그러는데, 특히 나 같은 경우는 자식이 하나잖아요. 자식을 키우고 전부 다 좋은 대학교[에] 보낼려고 그러고 좋은 데 들렀다 결혼시켜 가지고. '부모들은 힘들게 고생했지만은 자식들한테까지는 가난을 대물림하지는 않겠다'는 그런 생각으로 항상 일을 하고 돈을 벌고 하는데… 목적이 사라졌잖아요.

부부끼리는 어떻게든 그냥 먹고 살어. 부부끼리는 먹고 살아요. 그렇다고 지금 이 상황에서 우리가 다시 재벌 되기 위해서 아등바등할 것도 아니고, 먹고 살 수만 있으면 되는 거예요. 그렇지만 아이들은 우리의 희망이잖아, 그 희망이 사라졌는데. 항상 이야기하잖아요. 항상 아이들한테 들어가는 돈이, 우리 벌어서 3분의 1, 4분의 1이나 반이나 아이들한테 다 들어가는 돈인데 그게 사라졌잖아요. "어떻게 지내세요? 요즘 일도 안 하시고 어떻게 지내세요?" 돈 쓸데가 없잖아요. 항상 하는 최고 많이 하는 질문이 그 당시에는 그랬었죠.

면담자 　아버님을 가장 아프게 하는 질문이 있었을까요?

형준 아빠 　그게 가장 많이 받는 질문이고, 가장 아픈 질문이죠.

면담자 　웅, 그렇죠.

형준 아빠   나머지 많은 질문들이야, 뭐.

면담자   그냥 몰라서 그럴 수도 있다 그렇게 생각할 수도 있는.

형준 아빠   하여튼 그러면서도 그냥 가슴으로만 받아들이고 가장 힘든 질문인데도 가장 태연하게 저희들이 이야기를 해주죠, 그 질문에 대해서. 나가서 항상 많이 하는.

6
매주 금요일 안산 대시민 선전전

면담자   매주 금요일 안산 대시민 선전전 하셨던 경험 좀 여쭤볼게요.

형준 아빠   그거는 제가 지금 거의 안 합니다.

면담자   아니, 지금 말고 하셨었을 때.

형준 아빠   처음에 저희가 시작했을 때, 난 처음 시작했을 때만 한두 번 했으니까. 어쨌든 참사의 도시고 현장이잖아요, 여기가. 현장이지만은 우리가 어떻게 생각하면은 너무 밖으로만 나돌은 거 같고, 그때. 밖으로만 나돌다 보니까 안산에는 너무 우리가 소홀했구나, 안산에서 그때.

그러면서 안산에서 피케팅을 하기로 했었는데, 어쨌든 처음에는 사람들이 많이 호응도 해주고 하지만 그러면서도 항상 듣는 이야기들이 안 좋은 이야기들을 많이 듣죠. 그건 안산에서도 그런 이야기를 하죠. 항상 내 일이 아니라고 보는, 안산에서 그걸 했지만 그 사람들한테… 안산이다 보니까 피해를 입은 사람들이 많아요. 왜냐하면 장사를 하던 그런 분들은 세월호 사건으로 해가지고 진짜 장사도 안 되고 노래방 하던 사람들은 거의 몇 달 동안 문 닫다시피 하고 식당들도 그렇고. 그러니까 그런 사람들한테는[그런 사람들은] 세월호에 대해서 인식이 좀 안 좋죠. 아픈 건 아픈 거지만은 자기들한테 직접 피해가 오다 보니까 거기에 대해서 안 좋게 이야기하는 사람들도 많죠, 안산에서.

이게 밖에서는 [피해받은] 그런 게 크게 없고. 그냥 지켜보고 가지만은 안산에는 진짜 직격탄을 맞았다고 그럴까? 그런 상황이다 보니까, 특히 선부동, 와동, 고잔동 이쪽 동네 사람들은 거의 직격탄을 맞았다시피 하니까 안 좋은 말도 많이 들리죠. 우리들 때문에 자기네들한테[자기네들이] 생계의 위협을 느낀다는 그런 소리도 많이 하고, 그런 반면에 그래도 아직까지 피해 지역에서 안산 사람들이 많이 호응을 해주고. 그런 관점에서는 고맙게 생각하고 참 저거[감사]하죠. 어차피 피해를 본 사람들이야 우리 때문에 그런 거니까 '잘못했다, 미안하다'고 이런 생각도 들고….

면담자　　　부모님들 잘못은 아닌데요. 국가가 잘못하고 있죠.

형준 아빠 안재용

7

2014년부터 재판 과정 참관

면담자　　2014년부터 광주법원 등 재판 과정 참관하셨다고 하셨는데요. 그때 이야기를 해주세요.

형준 아빠　　광주재판은 첫 번째 공판 때 갔는데 법원을 갔었죠. 진짜… 선장이나 선원들을 쳐다보면서 전부 다 소리치고 욕하고 그러면서 진짜 참 많이 힘들었었는데. 근데 우리는 가족, 당사자다 보니까 지켜봐야 될 거 아니에요, 힘들어도. 다른 이야기는 다 떠나서 제가 딱 한 가지는 말하고 싶은데 거기서 증거영상들을 쭉 이렇게 [보여주는데] 최고 힘든 건 아이들의 휴대폰 영상이지만, 그런 거는 여지껏 너무 많이 했지만[봤지만] 진짜 볼수록 계속 힘들지만, 배의 영상들을 쭉 그걸 하고[보여주고] 있는데, 그때까지만 해도 CCTV란 이야기가 한마디도 안 나왔을 때거든요. CCTV가 딱 지나가더라고요, 배 영상. 재판 과정에서 이렇게 지나가는데 지켜보니까 아무도 거기에 대해서 이야기를 안 하더라고요. 그래서… 생각이 딱 나는 게 저 CCTV는 분명 켜져 있었을 것 아니냐.

면담자　　그렇죠, 켜져 있어야 맞죠.

형준 아빠　　아니 그러니까. 그때까지는 CCTV 이야기가 전혀 안 나왔었던 상황이었으니까 생각이 났죠. 그러니까 저 CCTV는 켜져 있었다. 그러면 선장이나 선원들이 나왔을 때, 나올 때 저 CCTV는 돌아가고 있었을 거 아니냐, 그 상황을, 그 안의 상황을 다 보고 있었을 거 아니냐…. 쉽게 이야기해서 물이 쳐들어와 가지고 아이들이 그 물속에 잠기고 죽어가는 모습들을 쟤들은 눈으로 보고, 그걸 보고 그냥 나왔을 거 아니냐. 견딜 수가 없더라고요.

그래서 법정 밖으로 튀어 나왔어요. 튀어 나와가지고 그때 변호사를 불렀죠. "저거는 이야기를 해야 되겠다. 왜 이야기를 하면서 CCTV에 관한 이야기는 한마디도 안 하느냐, 이야기를 해야 되겠다". 변호사를 불렀어요. "나 이래이래해서[이러이러해서] 이거를 이야기를 해야 되겠다". 그러면서 재판이 거기서 마무리, 끝나고 우리한테 발언권을 주더라고요. 그래서 이야기를 했었죠. 몇 번 증거 영상에 CCTV가 나오는데, 과연 저 CCTV를 선장이나 거기 있던 사람들이 전부 다, 왜냐하면 전부 다 모여 있다가 나왔잖아요. "브리지에 모여 있다가 나왔는데 거기에 브리지에 보면은 CCTV가 있는데 그들은 다 저거를 보고 있었을 거 아니냐? 그걸 보고 있으면서, 안에 있는 모든 상황을 보고 있으면서 자기들은 먼저 탈출하지 않았느냐? 왜 거기에 대해서는, 그 CCTV에 대해서 좀 밝혀달라".

그 이야기를 했는데 그날 저녁에 CCTV가 나왔어요, 배에서. 그거 알죠? 그래서 우리 가족들이 미리 가서 증거보전[을] 신청해 가지고 그거를 빼왔잖아요. 그래서 포렌식[디지털 정보를 수집하여 수사에 활용하는 것]을 한다고 해가지고 청주에서 포렌식을 할 때, 그 포렌식도 제가 하용이 아빠하고 둘이서 지켜보러 갔었어요. 아니, 하용이 아빠가 아니고 그때 범수 아빠구나. 범수 아빠하고 둘이서 포렌식 지켜보러 거기 갔었는데 그런 식으로 그러니까 CCTV 나오기 바로 전인데, 그 전에 재판을 하면서 CCTV에 대해서 전혀 이야기를 없더라고요.

물론 그 선장을 때려죽이고 싶고 전부 다 하지만은 일단 뭔가 넘어가는데 그 증거영상을 보고 있으면서 아무도 거기에 대해서 이야기를 안 하고 있잖아요. 그래서 제가 법정에다 대고 "CCTV에 대해서 확실하게 좀 그걸[설명을] 해달라" 그러고 있었는데, 그날 CCTV가 나와가지고 저걸[포렌식 분석을] 한 거 아니에요. 그 나머지는 몇 번을 갔었지만은, 부모들 힘든 거는 다 거기서 그런 거고.

마지막 날 구형 때릴 때 선장과 몇등 항해사야, 1등 항해사만 그때 무기[징역] 그리고 나머지는 1년 2년 때렸을 때는 진짜… 아이들을 그렇게 방치한 죄가 그거밖에 안 되는가. 하여튼 모든 법원이든 뭐든 전부 다 다들 마음은 항상 그런 마음으로 우리가 가니까, 아이들을 위해서 모두 가니까. 거기서 특별하게 생각나는 게 법원에서의 그게 생각나죠. CCTV에 대한 그거는[일은] 진짜 생각이 나죠.

8
특조위 청문회 참관

면담자   아버님 2015년도 16년도 반쪽짜리였지만 특조위 활동하면서 특조위 청문회 참관하셨던 일에 대해서도 말씀해 주세요.

형준 아빠　　　청문회는 내가 1, 2차는 참석을 못 했어요. 1, 2차는 거의 영상으로만 지켜보고 있었고 3차 때 갔었는데, 3차 때는 진짜 완전히 청문회가 아니잖아요, 그거는. 그때는 특조위를 해산한다고 했으니 하고 나서 증인도 거의 안 나오고. 1, 2차를 쳐다보면서 생각했던 게 그들은 여직까지도[아직까지도] 거짓말을 하고 여직까지도[아직까지도] 그 이야기를 하고 있지만…. 그래도 반쪽짜리든 어쨌든 특조위를 출범해 가지고 몇 개월 되지도 않았지만은 그래도 그나마 특조위[원]들이, 청문회를 하면서 이렇게 지켜보면 뭔가의 조그만 거를, 뭔가는 해냈구나.

그래서 항상 모든 일은 덮여질 수는 없고 어떻게든 어디서라도 찾아낼 수 있는 그런 거에 대해서, 많은 일을 하지는 못한 특조위지만은 그래도 청문회에서 몇 가지 사실들을 밝혀내고, 특조위에서 밝혀내면서 또 그걸로 해가지고 SBS 뭐 '그것이 알고싶다'의 '세타의 경고' 같은, 그러면서 이슈[화]를 많이 시켰잖아요, 사람들이 그런 걸 전혀 몰랐는데. 물론 우리는 어느 정도의 다른 공격을 또 겪고 있지만 그걸로 인해서 국민들한테 많은 거를 알릴 수 있었던 거. 우리가 입으로 알리는 거 하고 방송에[서] 나와서 알리는 거 하고는, 물론 정규방송을 하지는 못했지만 그래도 그걸로 인해서, '그것이 알고 싶다'니[나] 다른 거에서 이야기를 하면서.

그래서 우리가 그렇게 특조위를 부르짖고 했지만은 반쪽짜리가 아니고 3분의 1쪽, 진짜 그것도 안 되는 청문회를 하면서도 그래도 뭔가의 성과는 있었다. 만약 그런 거라도 없었으면은….

면담자　　　그렇죠. 그래서 더 많이 아쉬움이 남는 거죠.

형준 아빠　　　많이 아쉬움이 남죠. 아쉬움이 남는데, 더 알고 있었고 더 알릴 수 있었고 했는데 뭔가를, 지금 한참 걔들이 탄력을 받아가지고 뭔가 증거를 확보하고 수사를, 뭔가를 조사를 하기 시작한 당시에 전부 다 스톱을 해버렸으니까. 그래서 항상 바라는 게 2기 특조위를 바라고 있는 거죠.

9
공동체 활동

면담자　　　아버님 혹시 아빠공방이나 4·16합창단, 종교 모임 등 공동체 활동에 참여하신 게 있는지 여쭤볼게요.

형준 아빠　　　그런 거에는 전혀 참여를 안 했습니다.

면담자　　　그럼 혹시 온마음센터에서 원예나 마사지 아니면 정혜신 박사가 하는 '이웃'[치유 공간 이웃] 같은 공동체 활동은 하셨나요?

형준 아빠　　　그것들도 안 하고요.

면담자　　　혹시 안 하신 이유를 여쭤봐도 될까요?

형준 아빠　　　온마음센터에서 '아빠의 공부방' 해가지고 거기는 한 두 번 내가 갔었는데, 어쨌든 그 공부방 같은 거는 들을 만 한 거 같지만 우리가 그걸 함으로써 마음에 위안도 좀 들고 그런 정도인데. 지금도 요즘 와가지고 스피치 강의 같은 걸 하고 있는데 스피치 강의는 좀 들으려고 했던 게 우리가 간담회를 자주 다니고 또 사람들하고 말할 기회도 좀 많아졌던 시기라.

우리가 여지껏 살면서 그냥 생활 속에서 살았잖아요. 생활 속에서 살다 보니까 이런 일은 전혀 겪지 않았었고 그래서 많은 대중들하고 같이 이야기할 기회도 없었고 또 강단에 서 가지고 이야기할 기회도 없었잖아요. 이야기하는 방식이나 그런 것 좀 하기[배우기] 위해서 지금 스피치 교육은 하고 있는데 거기서도 그런 이야기는, 내가 스피치 교육에서도 저번 주 화요일 날 하고, 원래 화요일 날마다 하는데. 저번 주 화요일 날 그… 그 뼛조각이 발견됐잖아요. (면담자 : 네) 뼛조각이 발견돼 가지고 그때 처음에는 미수습자 뼈라고 그래 가지고, 그러고 나니까 참 가슴이 너무 힘들더라고요.

그래 가지고 그날 교육받을 때 강사님 보고 "오늘 좀 힘들다" 전부 다들 그러니까 교육 위주가 아니고 그냥 서로 이야기들이나 하고 가자고. 그리고 거기서도 이야기한 게… 그런 강의를 받고 하면서 조금씩, 많은 도움은 안 되고 조금씩의 그 도움이 되고. 또 가족들의 속마음도 이야기하고 또 그러면서 그런 좋은 시간을 갖는 건 진짜 좋은데.

그 전까지만 해도 공동체 활동은 좀 안 했던 게 그닥…, 그 전에는 공동체 활동 한참 할 때 저희는 "지금 그게 뭔 필요가 있느냐, 우리가 지금 그거를 할 저것[처지]도 아니고". 그래서 그때는 항상 밖으로, 현장이면 현장으로 돌아다녔지. 우리가 현장에 돌아다니면서 그때는 그 사람들한테도 "우리가 지금 마사지받고 뭐 하고 할 수 있는 저거는[형편은] 아니다"고 그렇게 생각을 하고 밖으로만 활동을 했었죠. 그런데 어떻게 보면 그게 참 좋은 거 같더라고요.

쉬운 예로 우리 반, 자꾸 다른 사람 이야기[를] 해서 좀 그렇지만 승묵이네 같은 경우도 승묵이 엄마가 진짜 한 1년 이상을 병원 생활을 하면서… 예민해도 그리고 사람들을 전혀 안 만나고 살 때도 승묵이 아빠가 데리고 와가지고 엄마공방에 거기서 몇 번 이렇게 같이 있다 보니까, 자기도 나중에 이야기하는데 "내가 너무 힘들고 그래 가지고 병원에만 있었는데, 아빠 따라가지고 나와가지고 한두 번 보다 보니까 나도 정신 차려가지고 활동을 좀 해야 되겠다"란 그런 이야기들도 하고 그런 걸 보면….

그리고 이 공동체라는 게 물론 '이웃'이나 그런데 (면담자 : 온마음센터나) 네, 온마음센터나, 집사람은 조금씩 그런 활동도 하고 하지만 밖에서 이야기하기 힘든 이야기들을, 같은 아픔을 가진 사람들끼리 항상 이야기를 하고 하잖아요. 우리가 어디 밖에 가가지고 막 웃고 떠들고 할 수는, [그렇게] 하기는 참 그거[난감]하지만 같은 아픔을 갖고 같은 그런 사람들한테는[하고는] 같이 웃고 떠들고 그래도. 그게 물론 밖에서 쳐다보면은 참 이상한 사람들인 것 같지만은 그래도 우리끼리 있을 때는 그렇게 그거[행동]하는 게, 거기서 마음이 서로서로 풀어지고 그런 거는 있겠더라고요.

근데 가족들, 내가 쭉 지켜본 [바로는], 참 예민해요. 지금 무조

건 예민해 가지고 이게 시간이 지날수록 더 예민해지고, 그리고 아무 일도 아닌 말들 한마디가 가슴에 비수가 돼가지고 꽂혀버리면 그 사람들하고 돌아서 가지고는 다시는 안보는 식으로. 우리가 이런 일이 없이 그냥 만났으면 그게 아무 일도 없이 넘어갈 수 있는데 이런 아픔을 갖고 만나서 서로 웃고 떠들고 하지만, 항상 겉으로는 웃고 떠들고 하지만 속에는 항상 뭔가의 커다란 구멍이 있기 때문에, 그 구멍에서[을] 조금씩만 건드려도 그거에 대해서는 큰 상처가, 아픔이 돼가지고 그게 남아 있더라고요.

그래서 그런 거를 이제… 우리는 공동체 활동보다는 일단 반모임으로 움직이다 보니까, 반 가족들하고 이렇게 움직이다 보면 그런 게 많이 나타나더라고요. 그러다 보니까 서로 반목도 있고 그래서 서로 그거를 화합을 시킬려고 해도, 화합시킨다는 게 진짜 힘들더라고요. 진짜 다른 데 가서 이야기하면 "야, 이러이러해 가지고 좀 넘어가자" 그렇게 이야기를 할 수가 있는데, 반에서 서로 조금씩 이렇게 [갈등]하는 거를 그거를 화합을 시킬려고 노력은 몇 번 해봤는데 그게 받아들여지지를 않더라고요. 그래서 웃고 떠들고 하면서 '이 정도는 이해를 하겠지' 하는 게 전혀 안 되더라고요.

면담자 다 다르고, 그렇죠.

형준 아빠 공동체 활동이 중요할 땐 중요하지만 그걸로 인해서 또 반목이 쌓였을 때는 전혀 안 하니만 못하다는 그런 생각도 들고 그래요. 이제 2차 구술까지 다 마무리했습니다.

면담자   아버님이 마무리를. 어디에선가 욕하는 프로그램도
있고 그랬다는데요.

형준 아빠   네, 그런 것도 있었어요.

면담자   스피치 프로그램은 그래도 계속 들으실 의향이 있으
신거죠?.

형준 아빠   네.

면담자   지금부터는 4·16 이후 아버님과 아버님의 가족들 삶
이 어떻게 변화됐고 4·16 관련 활동들을 통해 아버님의 생각 등의
변화가 어떤 것들이 있었는지, 또 형준이가 아버님께는 어떤 의미
인지 등에 대해 여쭤보려고 합니다. 어려우시더라도 천천히 말씀
해 주시면 감사하겠습니다.

10
세월호 활동을 유지하는 힘

면담자   아버님 지난 3년을 돌아볼 때 지속적으로 활동을
하셨잖아요. 그렇게 활동을 참여하실 수 있었던 어떤 이유라고
할까요?

형준 아빠   쭉 참여 못 했는데?

면담자   아니, 쉬신 적도 있지만 그래도 간담회 쭉 하셨고

4·16 참사와 관련된 활동에는 지속적으로 참여를 하고 계시니까요.

형준 아빠　　　내가 며칠 전에 우리 가족들끼리 모여가지고 그 당직 때 몇몇 모여가지고 이야기하면서 언쟁들을 좀 했어요. 그러면서 하는 이야기가 있어요. "왜 이런 활동을 하느냐, 왜 그 저거를[투쟁을] 하냐? 그러니까 우리 가족들 [중]에 활동을 하는 사람들이나 안 하는 사람들이나 단 한 가지 이유만으로 이거를[활동을] 하고 있다. 그 이유가 뭐냐? 우리 아이들이 왜 죽었는지, 부모 된 입장으로서 그거는 알아야 되지 않겠느냐? 활동을 하든지 안 하든지 간에".

　　우리는 정부나 모든 것에다가 많은 걸 요구하지 않아요, 왜 죽었는지. 교통사고가 나서 죽었다고 생각하면 참 편해요. 물론 편하다는 말은 좀 어감[어폐]이 있지만은. 누가 하던 "해상 교통사고, 수학여행 가다들 죽었다". 해상 교통사고죠. 저도 알아요. 해상 교통사고가 났으면, 어떤 교통사고가 나더라도 와가지고 사고처리반이 사고처리하고 조사하고 다 해요. 그래서 "어떻게 해서 사고가 나서 어떻게 해서 사망을 했습니다" 이야기를 해줘요. 우리는 그거를 듣고 싶어서 하잖아요, 우리는. "어떻게 어떻게 해서 사고가 났다" 거짓말이 아닌 진실을. "이렇게 이렇게 해서 아이들이 죽었습니다". 그 사실 하나를 바라보고 3년을 우리가 투쟁을 했었고 큰 목적이 그거였고.

　　어쨌든 거기서 목적들을 다른 것들을 다 나눴다고 하면 그건 행동에 대한 이야기고. 목적에 대한 이야기는 그거 하나로 해가지고 지금 30년이 될지, 10년, 30년이 될지 얼마가 될지 몰라도 어쨌든 그거 하나만큼은 알아야 되겠다는 그걸로 해가지고 여지껏 지내왔었죠, 행동하고.

면담자 지금까지 많은 일들이 있으셨잖아요, 활동도 하셨고. 그런데 지난 3년간 아버님의 활동이나 선택 등에 있어서 아쉽거나 후회되는 점이 있으시면 말씀 부탁드리겠습니다.

형준 아빠 아쉽거나 후회되는 거요?

면담자 네.

형준 아빠 (잠시 침묵) 아쉽다는 거는 그래요. 그게 뭐에 대해서 아쉽다는 게 아니고 내 자신에 대해서 아쉽다는 생각은 들죠. 왜? 더 할 수 있었는데 못 한 부분, '내가 왜 이거밖에 못 했을까'. 내 몸이 아프고 마음이 아프고 그거는 어떻게 보면 핑곗거리고. 남들은, 더 하는 사람들은 더 힘들고 더 아파도 하는데, 나 역시도 몸이 안 좋고 힘들고 하지만은 더 할 수도 있었는데. 더 많이 하지 못했다는 아쉬움과 후회는 있지만 앞으로도 어느 정도 선에서, 물론 더 해야 되지만 몸이 허락하는 정도에서 그래도 그 정도에서 할려고. 항상 '마음에 후회가 남지 않을 정도로는 내가 해야 되겠다'[는] 생각을 하고 앞으로도 그런 식으로[도] 활동을 할 것 같습니다.

11

4·16 이후의 변화

면담자　　　　지난 시간 동안 아버님을 가장 힘들게 했던 건 무엇인지 좀 여쭤보겠습니다.

형준 아빠　　　이게 참 포괄적인 질문인 게 어떤 활동에 대한 힘든 건지 아니면 뭐에 대한 힘든 건지는. 일단 가장 힘들었던 거…… 애가 죽었다는 거를 인정할 때가 가장 힘들죠. 그걸로 해서… 가족이 상처받은 게 또 힘들고. 그러면서 주위 사람들이 상처받는 게 힘들고….

　　가장 힘들었던 건 그거예요, 아이의 죽음. 이 사건으로 해서, 물론 그게 없었으면은 이런 현 상황도 없었겠죠? 우리는 우리 나름대로 앞으로 아이들과 맨날 싸우면서 뒤죽박죽하면서 또 삶을 이어나갈 수 있었을 거고. 그리고 힘든 거. 아이가 없어졌어도 우리는 우리 나름대로 또 살아나가고 있다는 거…. 질문이 너무 포괄적이라 가지고 어느 하나에, 그런 거에 대해서 질문을 하면 거기에 대해서 대답을 하기도 하고 그런데[그러는데] 너무 포괄적인 질문에 대해서는 답변하기가 저거 하네요?

면담자　　　　네. 그럼 지난 3년 동안 그래도 아버님께 위로가 되는 순간이었다든가 위안이 되었던 점이 있으셨다면 어떤 게 있으셨는지요?

형준 아빠 　가장 힘이 되고 위로가 되었던 게 2014년 5월 8일이었죠, 5월 8일은 어버이날이요. 우리 아는 동생들이 어버이날이라고 꽃을 보내줬더라고요. 그러고 나서 또 꽃바구니가 하나가 왔어요. 누군지는 몰랐는데 수소문을 해봤어요. 제 친한 친구가 있는데 그 친구의 딸이 있어요. 그 딸이 보내왔더라고요…. 참 많이 울었어요, 그날. (눈물을 닦으며) 아직 그 딸의 얼굴도 한 번도 못 봤고, 그 전까지도 한 번도 못 봤고 그거 했는데[그랬는데], 지금도 뭐 통화로만 하고 있죠.

　그때서부터 여직[지금]까지 항상 어버이날 되면 챙겨줘. 그러면서 항상 지금 하는 이야기가…, 지금은 그 딸이 저한테 그냥 아빠라고 불러요. 나이도 지금 서른도 넘었지만 그래도 아빠라고 부르고. 항상 나 없을 때 분향소나 하늘공원 같은데 와가지고 애들, 애 생일이나 뭐 있으면 자기가 와가지고 꽃도 놓고 가. 아직 얼굴도 못 봤어요. 통화는 이제, 통화도 별로 못 했고, 거의 문자로만 왔다 갔다 하고. 그래서 아들을 잃고 딸을 하나 얻었죠. 그 질문이 뭐였죠?

면담자 　위안이 되셨던 것.

형준 아빠 　그러니까 그거. 아들을 잃으면서 또 딸을[이] 하나 생겼다는 게 참 위안이 됐고… 그게 최고 위안이 됐었죠.

면담자 　아니면 활동하실 때 그래도 이런 점들 때문에 위로를 받으셨던 게 혹시 있으셨는지 여쭤볼게요.

형준 아빠   4·16이 터지기 전에 먼저도 한 번 이야기를 했었지만 우리는 그냥 일반적인 사람이었어요, 소시민이었고. 사회에 대해서 사회 문제에 대해서 전혀 관심을 갖지도 않았었고. 내가 어떻게 살아가야 될까, 내가 어떻게 우리 가족을, 우리 가족 그 주위에서 같이 화목하게 살 수 있을까? 남의 일이, 남의 불행이나 뭐 이런 건 그냥 '안됐다' 그러고 지나갔었는데.

이 사건을 토대로[계기로], 여기서 진짜 많은 사람들을 만나보고 많은 사람들과 이야기를 나눠보니까 '내가 모르던 사회들, 그런 게 여기에 존재를 하고 있었구나. 내가 전혀 생각지도 않고 내가 전혀 참여하지도 않았던 그런 사회들이'. 그러면서 사람들하고 참 많이 이야기를 하고 지내다 보니까 이런 사회를 나는 모르고 살아갔고[살아왔고], 그런데 사람들이 아플 때 아픔을 같이해 주고 힘들 때 같이 힘이 되어주고 어려울 때 뒤에서 밀어주고 울고 있을 때 뒤에서 묵묵히 쳐다보면서 다 울고 나면 눈물을 닦아주는 사람들. 그 사람들이 있다는 거에 대해서 많은 감사를 느껴요.

그리고 나서는 내가 요즘은 어디 가서, 옛날에는 진짜 내가 서명을 한 번도 안 해본 사람이 내가 그렇게 서명을 받으러 다니다 보니까 요즘은 지나다가도 뭐 서명이 있으면 쫓아가서 서명도 하게 되고. 그리고 또 사회적인 일이 생기면 그런 쪽으로 또 같이, 내가 직접 참여는 못 해도 귀 기울여주고 또 거기에 대해서 한 번씩 생각해 볼 수 있는 그런 시간을 마련해 주는 내 삶의 변화가, 그런 게 많이 바뀌었다고 생각을 하는 거죠. 그러면서 같이해 주는 그런

형준 아빠 안재용

사람들한테 너무 고마운 걸 많이 느끼고.

면담자   아버님의 삶의 변화에 대해서 이야기해 주셨는데요. 혹시 한국 사회를 바라보는 시선이나 이런 거에 대한 변화도 있으셨나요?

형준 아빠   썩었죠.

면담자   네, 썩었죠. 가감 없이 말씀해 주시면 됩니다.

형준 아빠   아니, 썩었고. 이 사건이 터지기 전에도 그런 거에 대해서 조금씩 생각도 해보고 그랬지만은, 막상 우리가 직접 당사자가 돼가지고 이 사건으로 해가지고 한국 사회를 바라봤을 때, 아까처럼 같이 힘들어해 주고 아파해 주는 그런 어느 정도의 희망이나 사회적인 [응원] 그런 거는, 거기서는 희망도 가지라고 할 수가 있었지만, 통 털어서 포괄적으로 봤을 때는 진짜 참 썩었고 너무 무사안일주의가 되다 보니까. 우리 방송이 많이 사회를 좌우하고 그러지만은 나만 아니면 된다는 그런 강박[고정]관념들이. 그래서 방송에서 그렇게 인기가 좋았잖아요. 복불복 해가지고 나만 아니면 된다. 그게 사회에서도 똑같이, 지금 그게 사회에서도 밑거름이 돼버리니까, 모든 사람들이.

공무원들이 보면은 이 사건의 최고 발단이 아니고, 이 참사의 원인 중에 최고 하나가 '내가 책임을 안 진다는 거'. 왜냐하면 내가 책임을 지고 모든 걸 어떻게 했으면 그 당시에는[도] 뭔가는 틀려졌겠죠. 그렇지만 내가 책임을 안 지고, 나는 책임을 안 지기 위해서 전부 다 위[상부]로만 올렸잖아요. 위로만 올리다 보면 그게 이제, 그러면서 위로 올리고 올리고 하다 보면 거기서 기획에 딱 닿다 보면은 할 수 있는 일은, 쉽게 이야기해서 그 골든타임이라던가, 골든타임은 벌써 다 지나가 버린 거예요.

대통령이, 박근혜가 응? 거짓말이지만 어쨌든 최초의 신고가 8시 몇 분부터 9시 그때쯤, 그게 받았을지 안 받았을지는 모르지만은 그랬을 때 중간에 상황보고 하는 목포 해양경찰이나 서해청장, 서해청이나 해경정이나 중간에서 누가 그냥 올리기 전에 모든 거를 자기가 책임지겠다고 하고 행동을 했을 때는 과연 이렇게까지 일이 벌어졌을까.

그러면서 한국 사회를 바라보는 시점[관점]이 너무 참담하다 그럴까. 항상 그 젊은 사람들이 [말]하는 "헬조선"이라던가, "내가 이 나라에서 왜 살아야 되는가, 내가 왜 세금을 여기 이 나라에 세금을 내면서". 그렇게 힘들게 해가지고 세금을 다 내면은, 그게 지금 이렇게 보면 위정자들의 주머니로 전부 다 들어가고. 위정자들의 주머니[에] 들어가는 그것도 모잘라 가지고 그 최순실이라던 뭐 그런 사람으로 해가지고 그쪽으로 전부 다 돈이 다 들어가는. 그러니까 돈을 그렇게, 자꾸 그런 게[부정부패가] 생기다 보면 뭔가는 우리가 내기 아까우니까 어떻게라도 그거[세금] 빼먹을라고 생각을 하는 거고, 그게 한국 사회가 돌아가는 현재의 실상인 거 같고. 그렇다고 이게 단기간에 바뀔 리도 없고.

우리가 항상 보면 옛날서부터 당파싸움을 해가면서, 항상 그 정치를 봐도 정치인들은 능력이 있으나, 정치인들은 능력이 있어요. 그러나 정치에는 능력이 없어요. 맞죠, 네? 정치인들은 다 능력이 있어요. 그렇지만 정치를 한다고 했을 때는 당파싸움부터 시작을 해가지고 정치에는 능력이 전부 다 없어져 버려. 그래서 항상 국회의원이나 그런 사람들 다 개개인적으로 만나가지고 이야기할 때는 참 좋은 말들을 하고 하지만은 그게 당으로서 당론이 딱 돼버렸을 때는 아무것도 할 수 없는, 그 사람과. 한국 사회가 변해야 되는데, 변할려면 뿌리째 뽑아야 되는데 뿌리째 뽑을 수가 있는 그런 정치적인 사람은 아무도, 아직까지도 없을 것 같고.

뭔가는 변해야 될 거 아니에요, 조금씩이라도 진짜. 어떻게 이야기하면 그래요. 우리가 4·16가족협의회가 안전까지, 안전까지도 지금 이야기해야 될 저건가 그렇지만. 지금도 그래서 우리가 알게 모르게 4·16 그 이전과 그 이후가 변한 것들이 이제 보니까 많이 있더라고요. (면담자 : 그렇죠) 네, 많이 있더라고요. 우리는 몰랐는데 이야기를 하다 보면 그래도 변한 것들이 많이.

면담자   안전에 관련된 법률들도.

형준 아빠   네, 안전에 관련된 법률이 많이 변해 있더라고요. 그러니까 조금이라도 아이들의 죽음이 헛되지 않게끔 이 사회에 뭔가는 뿌리내릴 수 있는 그런 계기가 됐으면 좋겠어요.

면담자   네. 아버님, 4·16 이전과 이후에 자녀교육에 대한 생각이 변하신 게 있다면 말씀해 주세요.

형준 아빠　　　아니, 그거는 아까도 잠깐 그런 이야기는 했지만은 그 이야기에 대해서는 솔직히 이야기하기가 그거[곤란]한 게, 4·16 이전에 내가 그 아이들의 자녀교육 그에 대한 생각들. 4·16 이후에 대한 자녀들의 교육에 대한 생각들은 할 필요가 없잖아요, 할 것도 없고. 그렇기 때문에 솔직히 거기에 대해서 이야기하기가 좀 그러[난감하]네.

면담자　　　그럼 안산에 좀 오래 사셨으니까 안산에서 가족들을 바라보는 시선이나 이웃들과의 관계 등에서 변화가 있으신가요?

형준 아빠　　　변화된 거요?

면담자　　　네.

형준 아빠　　　그…(한숨) 일단은 4·16 이전에는 일반적으로 그냥 전부 다 안산 시민들이었잖아. 4·16 이후에는 안산이 슬퍼하는 자와 시기하는 자, 둘. 두 갈래로 딱 나눠져 버렸더라고요. 그게 또 굳어져 버렸고. 오히려 밖에 있는 다른 데보다 더하게끔 안산시에서는 그게[이분된 것이] 그렇게 더 보이더라니까요. 아이들의 그, 아이들을 함께 슬퍼해 주고, 해줄 사람들하고 그것이 아니고 그 일로 인해서 자기들한테 피해가 온다는 거에 대해서 너무 격하게 반응하는 그런 저거[안산 시민들]하고.

　　　'안산이 왜 이렇게 변했을까'에 대해서는 안산, 옛날에 추모 그쪽 면으로 해가지고 워크숍 식으로 해가지고 거기 가서 토론도 하고 해봤지만. 그래, 토론을 할 때에 그러니까 우리 가족들하고 이야기할 때는 좀 이해를 하고 같이 넘어가 줄 수 있는 [것] 그런 거 같았는데, 막상 자기 앞에 이게 닥치니까 너무 진짜 좀 사람 정이 떨어지게끔 그런 식으로 극렬하게 나타내 버리니까. 그래서 안산 시민이 오히려 다른 데들보다도 더 심하지 않을까.

왜냐면 피해를 받았던 지역이다 보니까 그거를 정부 쪽이나 어디에서 피해구제니 뭐니 해서 그런 거를 전부 다 잘 해나가고, 그러니까 정책적으로 잘 해나갔으면 이게 그나마 덜할 건데, 정책적으로 잘 해나가지 못하니까 그거를 그냥 우리가 우리 스스로 우리 힘으로써 안산의 일부 시민들이랑 그 사람들의 힘으로 해가지고 이걸 막 밀고 나가다 보니까 우리한테 갑질이니 뭐니 전부 다 그런 이야기가 들리고. 그런 거에 대해서는 밖에 있는 사람들, 안산 시민들하고는 반목이 더 커진다는 그런 게 느껴지죠.

12
현재의 걱정과 향후 삶의 목표

면담자   아버님께서 현재 가장 걱정되거나 고민하시는 점이 있으시면 말씀해 주세요.

형준 아빠   '언제까지 할 수 있을까. 내 체력은 어디까지 따라줄 수 있을까. 내 살아생전에 이 싸움을 끝낼 수 있을까' 그게 가장 걱정되고 가장 고민되죠. 이걸로 인해서 가정이 파탄이 날지 더 화목

해질지. 현재로서는 서로가 서로를 많이 챙겨주니까 지금은 그래도 [화목]하지만은, 어쨌든 아이가 연결 고리가 되어 있을 때의 가정과 아이가 없을 때의 연결 고리하고는 또 틀리니까. 거기에 대해서 가정이 괜히 이 문제로 해가지고 분란이 더 크게 일어나지 않을까 하는, 그래서 거기에 대해서는. 물론 지금은 서로 다 조심하고 하지만은 이게 시간이 갈수록 괜히 조그만 걸로도 큰 상처가[를] 받지 않을까 그런 걱정들이 많죠.

면담자   그렇죠.

면담자   네. 그러면 앞으로 남은 삶 속에서 한 가지 추구하고자 하는 목표가 있으시다면 무엇인가요.

형준 아빠   진실을 밝혀내는 것, 진실을 아는 것. 그게 최고로 추구하는 목표고 여지껏 우리가 해왔던 그 활동의, [그래서] 활동을 한 거고. 모든 일을 하면서 그거 하나만은 알아야 되지 않겠는가? (침묵) 모든 게 다 함축되어 있죠, 모든 게 다. 내가 활동하고 뭐 하고 모든 게, 그거 왜 하겠는가? 내가 알고 싶은 걸 알기 위해서.

면담자   진상 규명이 다 이루어진다면 그다음에 아버님은 어떻게, 어떤 일을 하고 살고 싶으신지요?

형준 아빠   제가 그 간담회 가서 한 번 그런 이야기를 했어요. 남자다 보니까, 물론 지금 물러도 지고 눈물도 많아지고 했지만 모든 일이 마무리될 때 나한테 무엇을 최고로 하고 싶은가 물어봤을 땐, 그 사람들 앞에서 또 제 마음도 그렇고 진짜 큰 소리 내서 울어 보는 거…, (눈물을 닦으며) 그동안 마음적으로, 마음속으로 억눌러 가면서 울던 그 울음이나 그런 눈물이 아니고 진짜 가슴에 있는 그 모든 걸 (눈물을 닦으며) 털어내고 털어낼 수 있는 그런 울음을 한 번 울어보는 게 소원이다 그러면서 이야기했었는데. 진짜 그게 소원이고, 자꾸 이렇게 흐르는 눈물보다 진짜 내 가슴에 있는 거 모든 걸 씻어낼 수 있는 그런 울음을 한 번 울고 싶은데….

면담자　'이제 끝났다', '그래도 진실을 밝혔다', 이런 후련한 마음으로 흘리시는 눈물을 말씀하시는.

형준 아빠　그렇죠.

면담자　네. 아직 먼 이야기일 수 있지만 그래도 아버님이 그런 눈물까지 다 흘리시고 난다면 그 이후에는 어떻게 살고 싶은지요?

형준 아빠　내 삶을 살아야죠. 남아 있는 가족도 있고 물론 사회 생활도, 사회활동도 생각을 하고 있지만, 일단은 남아 있는 가족들을 위해서 여지껏 못 해준 거나 그런 걸 좀 더 생각을 해줄 수 있고 같이 앞으로 걸어갈 수 있는, 그 사람하고 앞으로 별탈 없이 잘 걸어갈 수 있게끔 좀 더 신경을 써주고 좀 더 마음을 써줄 수 있는 그런 생활을 하고 싶죠.

면담자　감사합니다. 그러면 진상 규명이 아버님께 어떤 의미고 진상 규명의 전망은 어떻게 생각을 하시는지요?

형준 아빠   그러니까 이야기했는데, 내가 생각하고 있는 진상 규명은 내가 초창기에도 이야기했지만 나는 이거를 기획된 음모라고 생각을 하고 있으니까. 그 기획된 음모를[에 대해] 진상 규명이 될려면 최소한 4, 50년은 가야 된다고 생각을 하고, 현재 어느 정도의 보여지는 진상 규명은 이제 나타나겠죠. 그래도 보여지는 진상 규명이라도 나타났을 때, 밝혀졌을 때 그… 뭐라고 말을 해야 되나. 참 힘드네요, 말하는 그게. 그냥 마음적으로 울겠죠.

면담자   음, 그래도 사람들은 그게.

형준 아빠   그래도 전혀 밝혀지지 않을 것 같은 것들이 지금 조금씩 조금씩, 하나씩 하나씩 나타났을 때 사람들이 관심을 가져주고, 많은 사람들이 잊지 않고 관심을 가져줄 수 있게 이만큼 했으니까 국민들… 아무튼 감사하다는 생각도, "감사하다"는 말도 해야 될 거고 "고맙다"고 하고 "함께해 줘서 진짜 감사하다"고 이야기도 드리고. 그리고 마지막으로 "나도 이제 그, 앞으로 같이 함께하겠다"고 "다른 일에도 함께하겠다"는 그런 말도 하고 싶고 그렇습니다. 그래서 이 사건으로 인해서 나도 많은 것이 바뀌었고. 우리를 같이 아파해 주던 많은 국민들.

　　근데 우리 아픔만 있는 게 아니고 사회적으로 보면 아픈 분들이 참 많더라고요. 그런데도 우리가 내 아픔만 생각하지 말고 남의 아픔도 좀 생각하고 그러면서 앞으로는 그런 거를 이제, 현재는 그래요, 지금은. 현 상황에서는 우리가 너무 힘들고 우리가 너무 많이 하다 보니까 남의 아픔을 잘 돌아보지는 못 해요. 이렇게 생각하고 그런 거는 하지만은 거기에 우리가 직접 뛰어들고 할 그거는[상황은]…. (면담자 : 아니죠, 네네) 물론 아직까지는 그렇다[는 얘기죠].

이제 우리 일이 지금 너무 많다 보니까 남의 힘든 일 같은데 참여하지도 못하고 하지만 우리가 이게 어느 정도 마무리됐을 때는 그쪽으로 이제 돌아볼 수 있는 계기가 되면은, 그쪽에도 조금씩 그렇게 관심을 가져주는 그런 사람이 되고 싶죠.

선체는 그… 인양은 당연히 돼야 되는 상황이었잖아요. 당연히 돼야 되는 상황인데 그거를 미루고 미뤄놔 가지고. 이번에 전, 물론 우리한테는 진짜 긴 시간이었는데.

면담자   엄청 긴 시간이었죠.

형준 아빠   우리한테는 긴 시간이었는데, 전 국민들이 이걸 바라봤을 때, 단 열몇 시간 만에 배가 쑥 올라왔었잖아요. 물론 그 배를 올리기 위해선 작업도 많았고 많이 그거를 했었지만[애를 썼지만] 이렇게 쉽게 올라오는 걸, 이렇게 할 수 있는 걸 왜 여지껏 안 했을까. 무엇을 숨기기 위해서 그 바닷속에서 배를 만신창이를 만들어놓고, 과연 얼마나 그 안에서 바닷속에서 조작을 해놨는지는 우린 아무것도 알지를 못합니다. 아무리 그래도 항상 생각하는 게 배가 올라왔을 때 아무리 걔들이 조작을 하고 다 하더라도 어딘가에 분명히 틈은 있을 것이라고 생각을 하고. 만약에 이번에, 그 이야기를 하면서 나온 이야기가 차량 블랙박스, CCTV 그거. 야, 여지껏 그걸 생각을 안 해봤네, 그것도 큰 저거[증거]겠구나.

면담자　　　그렇죠. 배에 실려 있었던 거.

형준 아빠　　요즘은 워낙 그 응?

면담자　　　복원하는 게.

형준 아빠　　복원 능력이 좋아 가지고.

면담자　　　또 포렌식 하러.

형준 아빠　　응, 또 포렌식 하고 하다 보면. 그러니까 걔들이 감추고 감췄지만은 그래도 어딘가에는 뭔가에는 이게 튀어나올 수 있으니까. 그래서 그 배는 어쨌든 올라와야 되는 거고. 걔들이 처음에 배를 인양 안 하고 거기다 그냥 묻어버린다고 생각을, 그 이야기를 했을 때도 그렇고…. 그 문제를[는] 우리가 항상 외치고 있는 말이었고, 인양하라고 외치고 있는 말이었고. 우리가 여지껏 수십 번 수백 번, 진짜 수천 번을 외치고 다녔던 인양이라는 게, 배가 올라오는 게 [아직까지, 어떻게든] 앞으로[의] 단계는 어떻게 될지 몰라도 그래도 일단은 올라왔으니까. 또 앞으로 배가 인양돼 가지고 또 싸울 일이 더 늘어났고 더 힘들어지겠지만 그래도 끝까지 같이 그렇게 싸워가지고, 정부한테 이길 수는 없지만 그래도 뭔가는 하나씩 하나씩 따낼 수 있는 그런 싸움이 또 시작이 되겠죠.

면담자　　　　선체가 인양됨으로 다시 시작이네요, 정말.

13
내 안에서 함께 자라는 형준이

면담자　　　　아버님, 마지막 질문을 드릴 텐데요. 4·16 이후에 3년이 지난 지금 형준이를 떠올리면 어떤 생각이 드시는지요. 형준이가 아버님께 지금은 어떤 의미인지 말씀해 주세요.

형준 아빠　　그러니까 쉽게 이야기하면 17년 동안 같이, 물론 떨어져 있었던 시간도 있었고 그렇지만 큰 의미 없이 그냥, 의미를 안 두고 살아왔잖아요?

면담자　　　　그렇죠, 그냥.

형준 아빠　　그냥 우리 아들이다. 그냥 우리 아들이니까, 내 자식이고 내가 키워야 될.

면담자　　　　일상이셨으니까.

형준 아빠　　일상이었으니까. 그 당시에 아이에 대해서 어떻게 생각하느냐? 우리 아이는 뭐 이렇다 저렇다 그렇게 이야기할 때는 그냥 그렇게 넘어갔단 말이야. 근데 4·16 참사가 생기고 아이가 떠났잖아요. 처음에는 그냥 아이가 떠났다, 너무 힘들다. 이게 근데 시간이 흐를수록 자꾸만 내 인생의 일부였고, 내 모든 것을 같이,

진짜 내 모든 것에 한 부분이었고….

　아이가 있을 때보다 없을 때가 생각이 더 많이 나더라고요. 아이가 있었고 눈에 보이고 그러면 그때 생각이 더 많이 나야 되는데, 아이가 눈에 없고 내 앞에서 안 보이니까 거기에 대해서 더 많이 생각이 들고… 남들은 항상, 부모를 잃으면 부모가 떠나면 산에 묻고 자식이 떠나면 가슴에 묻는다잖아요. '가슴에 묻어야지…' 항상 그런 생각을, 남들이 이야기를 하잖아요. 나 역시도 남들한테 그렇게 이야기했는데, 내가 직접 당사자가 되다 보니까 아이는 가슴에 묻는 게 아니고 가슴 속에서 평생 같이 가야 되는 그런 상황이더라고요. 묻어서 없어질 일도 아니고. 그냥 가슴 속에서 항상 같이 커가는 거예요. 내가 늙어가면서 아이는 커가고 있고… 그런 존재가 돼버렸고, 그런 마음으로 내 가슴 속에 항상 같이 가[고] 있는 거예요….

면담자　　　네, 감사합니다. 혹시 하고 싶은 말씀이 있으셨는데 못 한 말씀이 있으시면 지금 해주셔도 됩니다.

형준 아빠　　　아니요, 없습니다.

면담자　　　없으세요?

형준 아빠　　　너무 잘해주셔 가지고.

면담자　　　오늘이 아니더라도 나중에라도 혹시 꼭 남기고 싶은 이야기가 생각나시면 언제든지 연락주세요. 아버님 정말 감사합니

198

다. 아버님이 해주신 구술증언이 궁극적으로 진상 규명과 역사 기술에 기여할 수 있기를 진심으로 바라겠습니다. 감사합니다.

형준 아빠　　　감사합니다.

4·16구술증언록 단원고 2학년 4반 제14권

그날을 말하다 형준 아빠 안재용

ⓒ 4·16기억저장소, 2019

기획 편집 4·16기억저장소 ┊ **지원 협조** (사)4·16세월호참사가족협의회
펴낸이 김종수 ┊ **펴낸곳** 한울엠플러스(주)
초판 1쇄 인쇄 2019년 4월 1일 ┊ **초판 1쇄 발행** 2019년 4월 16일
주소 10881 경기도 파주시 광인사길 153 한울시소빌딩 3층
전화 031-955-0655 ┊ **팩스** 031-955-0656 ┊ **홈페이지** www.hanulmplus.kr
등록번호 제406-2015-000143호

Printed in Korea.
ISBN 978-89-460-6737-0 04300
      978-89-460-6700-4 (세트)
* 책값은 겉표지에 표시되어 있습니다.